吉安职业技术学院文化育人读本编委会

庐陵古韵

主　编　李　洁

副主编　李桃红　刘　庆

编写组（按姓氏笔画排列）

王　霞　尹素之　邓宝玲　邓晓红　朱芳菲
刘冬兰　江秋兰　孙青波　孙盼想　孙雪梅
李泽意　李春玉　肖玉栋　肖冰萌　陈云花
陈竹萍　陈雅妮　罗　钰　罗亚鸣　金　玲
周　婷　周亚峰　袁金星　袁静云　夏丽珍
郭永生　黄　晖　黄　滨　龚　薇　彭尾才
曾昭虎　曾宪棠　曾娟娟　谢茶花

江西人民出版社
Jiangxi People's Publishing House
全国百佳出版社

图书在版编目（CIP）数据

庐陵古韵 / 李洁主编 .— 南昌：江西人民出版社，2020.9（2023.2 重印）
ISBN 978-7-210-11026-2

Ⅰ . ①庐… Ⅱ . ①李… Ⅲ . ①传统文化—介绍—吉安 Ⅳ . ① K295.63

中国版本图书馆 CIP 数据核字（2018）第 289874 号

庐陵古韵
LULING GUYUN

李　洁　主编

责 任 编 辑：蒲　浩
装 帧 设 计：同异文化传媒

江西人民出版社 Jiangxi People's Publishing House 全国百佳出版社 出版发行

地　　　址：江西省南昌市三经路 47 号附 1 号（330006）
网　　　址：www.jxpph.com
电 子 信 箱：web@ jxpph.com
编辑部电话：0791-86898965
发行部电话：0791-86898815
承　印　厂：南昌市红星印刷有限公司

开　　　本：787 毫米 ×1092 毫米　1/16
印　　　张：13.25
字　　　数：235 千字
版　　　次：2020 年 9 月第 1 版
印　　　次：2023 年 2 月第 2 次印刷
书　　　号：ISBN 978-7-210-11026-2
定　　　价：35.00 元
赣版权登字 -01-2020-217

总序

习近平总书记在与北京大学师生座谈会上指出："大学是一个研究学问、探索真理的地方。"显然，习总书记道出了大学最根本的属性。同时，他进一步强调："中华文明绵延数千年，有其独特的价值体系。我们生而为中国人，最根本的是我们有中国人的独特精神世界，有百姓日用而不觉的价值观。"这一段话深刻地说出了大学的文化属性。

是的，大学就应该是一座通过文化创造、文化传承和文化启蒙活动，把人的能力、素质、精神境界进行全方位文化提升的文化气场。

吉安职业技术学院创办于国家日益重视职业教育的时代环境下，又立足于井冈山这块独具精神内涵的红土地上，还浸润在丰厚博大、魅力不绝的庐陵文化滋养中，加强学校文化建设，营造良好的校园文化育人氛围，既是我们得天独厚的条件，也是我们刻不容缓的任务。于是，我们感觉有必要编撰一套体现吉安红色文化、庐陵文化、廉政文化的读本，为师生了解我们所处这一方水土的文化精髓提供一点参考资料；同时，也为师生增加文化素养、塑造精神气质提供一些条件。

吉安职业技术学院虽然是一所新办的高职院校，但从她的蓝图绘制第一笔开始，关心她的领导和建设者就非常注重她的文化品位——校舍建筑融入了浓郁的庐陵传统文化元素，校园规划从"山水校园，庐陵书院"的高起点进行打造，整座校园宛如一座具有吉安风韵的江南园林。但我们不能仅有庐陵文化的美丽外表，我们还必须培养好具有吉安特色的精神内涵。这个内涵包括我校的办学理念、核心价值、管理文化、精神追求、育人特色、师生关系、校园建设等方方面面。编辑出版"三本书"即是用吉安独有的文化资源优势，加快我校文化育人内涵建设的重要举措之一。

讲好中国故事就要讲好吉安故事。吉安这块富饶而神奇的土地，缔造了具有原创意义的井冈山精神，开辟了具有中国特色的革命道路——农村包围城市，武装夺政权的井冈山道路；积淀了深厚的传统文化底蕴，形成了具有浓郁地方风格的庐陵文化；积聚了丰富的廉文化元素，蕴育了一座廉政文化的富矿。今天我们讲好这些发生在吉安这块土地上的故事，就是要弘扬吉安厚重的红色文化、精深的庐陵文化、浩然的廉政文化，进而用这些文化教育和影响全校师生，促进学校形成良好的文化内涵，打造我校独具魅力的精神气质。

我们希望这三本书能成为全校师生的良师益友，成为我校培养具有创新精神技术技能型人才的特色营养，成为建设优秀校园文化和精神气质的良好开端。

欧阳亮

2016 年 9 月 20 日

【序】

江南望郡金庐陵

◎李梦星

江西中部的吉安市，古称庐陵。秦初建县，汉末置郡，隋称吉州，元设吉安路，明清为府。现辖 13 个县、市、区，面积 2.5 万平方公里，500 万人。你可能对这块红土地不太熟悉，可是你一定读过欧阳修的《醉翁亭记》，学过文天祥的《指南录后序》，朗诵过“人生自古谁无死，留取丹心照汗青”的豪迈之句，背诵过杨万里“小荷才露尖尖角，早有蜻蜓立上头”、“接天莲叶无穷碧，映日荷花别样红”等诗歌。他们都是吉安人。你如果去国家博物馆参观，会看到陈列着新干大洋洲出土的商代青铜器和吉州窑陶瓷品；你如果对佛道文化感兴趣，应该知道禅宗七祖行思开创了青原派系，玉笥山列入道家的洞天福地，武功山曾与庐山、衡山齐名；你如果了解古代书院史，会知道白鹭洲书院是江西三大书院之一。你还记得中央电视台播放的国家级“非遗”节目吉安鲤鱼灯、永新盾牌舞、新干剪纸吗？你看过中央电视台摄制的国家历史文化名村吉州区钓源、青原区渼陂专题片吗？你若没到过吉安，来了一定要去看看三国时建的古南塔，去观赏江边巨大的古榕，登上钟鼓楼饱览市景。古庐陵今吉安这块神奇而神秘的土地，遍布人文名胜，涌现代代名士伟人，演绎浓郁的民俗风情，树立一座座文明的标牌。我们选择了其中一部分，让你感受和领略吉安传统文化的魅力。

一

青山秀水孕育了灿烂瑰丽的庐陵文化。吉安自古有“江南望郡”、“金庐陵”的美誉。沟通南北交通的黄金水道赣江，从吉安的腹地穿过 300 多里，占了千里赣江近二分之一的水路。东、西、南三面环山，随赣水北去而山势渐缓，形成广袤的吉泰盆地。三面崇山峻岭成为天然屏障，抵挡了东南沿海的强风暴雨和西面寒流的侵蚀；北面一马平川，与鄱阳湖平原相连接，承接北方冷空气入侵，一年四季分明，寒暑各半。赣江两岸支流长度在 50 公里以上的有 10 多条，比较对称地分布在赣江东西两边。主要的支流上又有无数的分支流，使得吉安的水系排列有序，分布均匀。吉安雨量充沛，光热充足，适宜各类作物生长，是江西重要的农林生产地区。青山与绿水的纵横交错，构成了一幅幅秀美壮观的山川图景，形成了适宜于人类居住生存的风水宝地。

经济的发达，为文化的繁荣奠定了坚实的基础。在古代，粮食生产的多少，往往是评判一个地方经济是否发达的重要标准。吉安所称“金庐陵”，这“金”字指的就是金黄色的稻谷。史书称“自江而南，吉为富州”。北宋时朝廷官府的粮食主要靠江南提供，每年漕粮 600 万石左右，江西供粮 120 万石，其中吉州近 50 万石，占江西的三分之一以上。南宋偏安，吉州更是主要的产粮区，年供 60 万石以上，占全国近十分之一。一个州能供这么多的粮食，是少有的，可见其富庶。吉安盛产木材，适宜制造船舶。在宋代，庐陵城南江边有规模宏大的官办造船厂，每年建造漕运粮食的大型官船 500 多艘，占当时全国造船总量的六分之一，是朝廷定点的重要工业基地。唐宋时，庐陵郡城是全国 32 个重点城市之一，是江南的经济中枢，商业很兴盛。明清之际，全国各地至少有 24 个商人会馆集聚城中。沿赣江而上的大货船，到庐陵城要卸下货物改装小型货船，以便通过上游的“十八滩”，于是位于赣江中游的庐陵城成为物资集散中心。江边多处码头，舟楫云集，沿江商铺旅店接踵并肩。南宋著名词人刘辰翁在《习溪桥纪事》中描述了这繁华的场面，说是店铺林立，客商众多，要“呵道而能过”。在清代中期以前的千余年间，古庐陵区域的经济发展水平，多数时期居全国上游。虽经风云变幻，人祸天灾，仍存处处古迹名胜，顽强地或显或隐于城郭山野之中，传递着人文信息，显示着昔日的辉煌 。

二

崇文重教，人文兴盛，这是庐陵文化突出的特征。现吉安姓氏的先祖，大多数是汉末以后因战乱南迁的北民。他们承继了中原儒家文化精神，耕读传家，形成了具有地域特色的文化现象。重视教育是千年延传的良风。我国古代公认的四位贤母，吉安占了两位：东晋名将陶侃之母湛氏、欧阳修之母郑氏。贤母严父，培育出了优秀的儿女。从唐自清兴建了白鹭洲书院等有一定规模的书院 270 多所，占江西书院总数近三分之一。至于学馆书舍，凡几十户的村庄均有，史载“序塾相望，弦诵相闻”，以至于“三尺童子，稍知文章”，“文风盛于江右”。重教的结果是人才辈出。在千余年的科举考试中，庐陵人大显身手，至少涌现了近 3000 名进士，17 名状元，为天下所注目。在吉安的许多古村，至今能见不少“进士坊”、“科举世家”等牌匾。某个村有一两个进士不足为奇，奇的是“一门三进士”甚至“一门五进士”。最奇的是创造了科举史上的神话，明代建文二年（1400 年）科考，进士前三名状元、榜眼、探花，全是吉安府人；紧接着的下届科考，前七名也都是吉安府人。一府而“团体双连冠”，科举史上绝无仅有。仅宋明两代就有百余名尚书、巡抚、布政使等重臣，在明代前几朝，出现了“朝士半吉安”的盛况。

“文章节义并重”，是庐陵先贤最典型的精神风貌。一代代名士伟人，无一不是恪守格物、致知、诚意、正心之德，追求修身、齐家、治国、平天下理想的儒者。他们信奉并实践儒家“乐以天下，忧以天下”、“仁者爱人”的理念，行“修己以敬”的“君子”之道，养“浩然之气”，做“富贵不能淫，贫贱不能移，威武不能屈”的“大丈夫”。他们尽管历经坎坷，仍持“天行健，君子以自强不息”的奋斗精神，不管是从政还是治学和做人，不管是居庙堂之高还是处江湖之远，始终保持高洁的操守，注重道德的修养，并且勤学广识，攻诗研文，在人生的道路上“立德、立功、立言”，在民族文化宝库中，留下了一份份珍贵的遗产，竖起了一座座丰碑，千百年来一直被人们所颂扬。一个古代州府拥有如此众多的文化名人，是不多见的，特别是在宋明两代，更为集中和突出，凝结成“文章节义之邦”的闪闪荣耀。欧阳修、文天祥、杨万里、胡铨、刘辰翁、解缙、刘沆、周必大、杨士奇、罗钦顺、刘淑英等一批批名垂千古的政治家、思想家、文学家、史学家、科学家，是庐陵文化的代表，为人类文明的进步和社会的发展作出了贡献。

崇高的爱国主义精神是庐陵先贤思想的核心。他们深受儒家思想熏陶，始终以国家和民族的利益为重，当国家面临外族入侵，处于危难之境时，奋勇当先，为了大义，宁折不弯，赴汤蹈火在所不辞；在相对安全的环境里，他们忧国忧民，犯颜直谏，与有害于国家利益和人民生活的奸臣恶吏作斗争，虽然因此而受到磨难和冤屈，仍不屈不挠，义无反顾。翻开庐陵古代名人史籍，这样的事迹不胜枚举。文天祥两举抗元大旗，誓言“君降臣不降”，三年被囚，死不屈服，决心“以身殉道不苟生”，“时穷节乃见，一一垂丹青”。胡铨屡谏杀卖国贼秦桧以谢天下，收复失去的山河，被流放 23 年，爱国之志不泯。吉水人杨邦乂率孤军坚守南京抵抗金军，因寡不敌众而被俘，金人用尽诱术，他决不投降，咬破手指写下血书，“宁作赵氏鬼，不为他邦臣”。与奸首蔡京作斗争的新干人何昌言，反对皇帝沉迷声色仙道的安福人李时勉，不屈服于强权的吉水人邹元标等一位位先贤，为国为民屡受磨难而不悔。

在中华民族文化宝库中，古庐陵培育的名士所贡献的文章史籍，占有重要的位置。他们把对民族和人民的忠诚，对人生和社会的思考，对大自然的热爱，凝于笔端。有的研史记志，集古鉴今；有的写诗作文，论政抒怀，留下了耀古烁今的累累著述，影响着一代又一代炎黄子孙。庐陵先贤有多少著述载于史册呢？据汪泰荣先生考证，自南北朝至清有 2577 人著述共计 5717 种，《四库全书总目》中录有著述 385 种，7175 卷。如此丰硕成果，在州府一级罕见。这些浩瀚的著述，是最厚重的人文结晶。在散文和诗歌领域，庐陵人以才情留下了千古芳名。

文坛宗师和领袖欧阳修，是北宋诗文革新运动的主帅，他利用主持科举考试的机会，狠刹刻意仿古、语句怪险、华而不实的歪风，倡导平易自然、切合现实的文风；并且身体力行，在文学理论和创作实践上树立新的形象。

他的《醉翁亭记》《朋党论》《与高司谏书》《泷冈阡表》等名篇，一直是文坛经典。被称作南宋“四大中兴诗人”之一的杨万里，创立清新活泼自然的“诚斋体”诗歌流派，其独树一帜的艺术风格，给诗坛带来了新风，开创了文体诗歌的大众化新路，那些贴近生活，师法自然的诗歌，传颂千古。文天祥的《正气歌》等诗文，更是爱国主义者的座右铭，不知激荡过多少人的胸怀。泰和的刘过，在国家面临内忧外患之时，创作了大量忧国愤世之词。吉安县的刘辰翁，将国破家亡、报国无门、思念故国的悲伤注于词中。还有峡江的孔文仲三兄弟，诗文与“二苏”齐名，蜚声北宋文坛。宋代吉水人曾敏行写的笔记小说《独醒杂志》10 卷，罗大经写的笔记体小品文《鹤林玉露》18 卷等，都有较高的文学和史料价值。在史籍文献的编纂刻印史上，庐陵人付出心血而收获的成果，闪烁着熠熠光辉。史学巨著“二十四史”，欧阳修独纂《新五代史》，主编《新唐书》，一人占了两部。明代泰和人郭子章，编写了《豫章书》122 卷，实际上成为江西省的总志。清代永新人龙文彬，编写了《明会要》80 卷，记录明代制度掌故，兼有史论，享誉史学界。南宋名相周必大，退休回庐陵居住，主持雕版刻印了大量的史籍，其中千卷《文苑英华》刻本，堪称精品。明代吉水人解缙，主编了世界上最早最大的百科全书《永乐大典》，参与编纂的庐陵籍文士至少有 34 人。众多的庐陵名士，随着巨著而永载史册。

三

古村落浓缩了中华民族的密码和细节，记录和传承了久远的历史和文化，是民间文化鲜活的标本，弥足珍贵。地处江西腹地的庐陵，近代以来所受战乱和天灾相对较少，存留的明清建筑数不胜数，遍布古祠、古牌坊、古井和古民居，积淀着厚重的文化内涵。到 2015 年，吉安有 9 个中国历史文化名镇名村，10 个省级历史文化名镇名村，37 个中国传统村落，还有大量的历史名人故里。这些古村落蕴含着厚重的文化底蕴和人文品质，形成了较为鲜明的地域特色。主要表现：一是在择基选址和环境的营造方面，注重风水，师法自然，选择枕山面水或山环水抱的地方建村，讲究“开门见文峰”，“村前绕玉带”，“无樟不成村”。二是在村落的建造方面，现保存较为完好、质量较优的建筑，多为明清之际外出经商者致富后所建，往往是几栋、几十栋统一样式，规模宏大。这样的古村不计其数，几乎每个乡镇都有。三是民居建筑风格最具江西地方特色，是赣派民居的代表。单栋民居，多为青砖灰瓦，蓝灰勾线，石条门，前后各三垛马头墙，屋内为用穿斗梁架，在大门上方的屋面，开“天门”或在墙体上开“天窗”以采光和通风。四是崇文重教，把耕读传家当作立家之道、旺族之本，不惜代价建造祠堂、牌坊，以纪念和颂扬先祖的功德；树立旗杆石，书写对联，悬挂匾牌，以张扬宗族的荣耀；有的装饰着楹联格言和雕绘，洋溢着浓郁的文化气息，成为古村最突出的特征。

一代代先民在庐陵大地拓荒开基，繁衍生息，传承儒家文化精神，吸纳四方良俗，结合本地的生态环境和物资条件，形成了具有地域色彩的乡风民俗。其中的非物质文化遗产，内容丰富，形式多样，以鲜活的、生态的方式存在和传承，承载着人们的智慧，显示着历史的文明与辉煌，是优秀传统文化的重要组成部分。到 2015 年，吉安的非物质文化遗产项目，国家级 10 个，省级 72 个，市级 126 个，县级数百个，还有数不胜数的非遗散落在广大城乡。民间灯彩是吉安流行最广泛、最为百姓所喜闻乐见的非遗项目。如吉安县鲤鱼灯、东园龙，泰和县虾公灯、华盖狮舞，吉水县鳌鱼灯，热烈欢快，色彩亮丽，有着各自独特的风格，显示出勃勃的生命力。节庆民俗，表达了人们驱恶避害、祈求平安幸福生活的愿望。如安福县的吃新节、坰云火把节和中秋节烧塔，遂川县珊田元宵节架花，青原区渼陂村彩辇、陂下村下元宵节喊船，万安元宵节儿郎灯会等，都有悠久的历史和深厚的文化渊源，流传着生动的传说。民间舞蹈或轻松飘逸，或激烈威猛。如永新盾牌舞、新干竹马舞、永丰陶唐傩舞等，赐吉祥，送福音，热烈风趣。还有数不胜数的生产生活技艺在民间流传，如永新和子四珍、遂川狗牯脑茶、吉安薄酥饼、安福火腿、峡江米粉、吉州窑木叶纹黑釉瓷等制作技艺，是人们在长期社会实践经验的积累，成为文化遗产代代传承。

目　录

一 先贤伟士

目　录

二
人文胜景

三
古村古镇

四
民俗风情

附 录

题咏吉安历代诗词选

先贤伟士

Xianxian Weishi

1. 善吏宰辅刘沆

【本篇导读】

在聪明台上，他的母亲梦见唐朝名相，他便应梦而生；他自称“退士”，却名列进士榜眼；长于吏事，三弊三举，广荐贤才，欧阳修受其惠泽，编纂《新唐书》；宋仁宗为哀悼他，罢朝三日，在其墓碑亲笔篆写“思贤之碑”。

刘沆，字冲之，今永新县埠前镇三门前人，生于北宋至道元年（995 年）。宋仁宗时任参知政事（副宰相）、同中书门下平章事（宰相）共 7 年，“自进士设科，擢高第至宰相者，吉郡以沆为首”，在位以“长于吏事”著称。

刘沆雕像

刘沆的祖父刘景洪，乱世之中能够保持操守，正直爱民，父亲刘素重义轻财，喜交宾客。刘景洪曾跟宾客说：“当年我没有屈从叛将彭玕，效力于他，避免了一场战乱，得以保全万计百姓，我家应当还会有建立更崇高功业的后世子孙。”因此，把居住附近的北山命名为后隆山。山上原有唐代宰相牛僧孺的读书堂，刘景洪在遗址上修筑新台，命名为聪明台。有一天，刘沆的母亲梦见一个自称牛相公的锦衣男子，不久怀孕，生下刘沆。小时候，聪明台便是刘沆经常游玩的地方，他听父老讲姚崇、牛僧孺的故事，心里很羡慕他们的相业。

刘沆成人后，洒脱任性。考进士没中选，自称“退士”，不再参与科举，他的父亲尽力鼓励他。天圣八年（1030 年），他才考中科举，名列进士榜眼，担任大理评事、舒州通判，一上任就将一件积压几年的大案，用几天时间就审理清楚了。当时湖南蛮猺屡次出来作乱，杀害官吏，朝廷任命刘沆为龙图阁直学士、潭州知州兼安抚使，允许他自行裁决事务。刘沆大规模发动军队来到桂阳，招降二千余人，对于降顺的蛮族首领他都上奏朝廷给他们官职。他还招揽当地兵卒分头抓捕剩余叛乱者，终于平定了叛乱。

刘沆荐才

皇祐三年（1051 年）三月，刘沆由尚书工部侍郎升任参知政事（副宰相）。以前政事多由宰相决断，副相不过备位而已。刘沆任职后，积极参与国事决策，重大问题多廷议解决，对政事有所救正。至和元年（1054 年）八月，刘沆又进拜同中书门下平章事（宰相）、集贤殿大学士。当时中书省任官多近臣举荐，刘沆向皇帝进言指出其“三弊”：“一、近臣保荐，多出私门，为浮薄权豪之流的互相交易；二、近臣陈旬亲属，求近地，求京宫，不愿去边远之地；三、叙劳干进，以法则轻，以例则厚，持政不平。”为此，刘沆恳切希望皇帝能革除这用人上的“三弊”，使真正有才德的人，能挑选到朝廷中来。

仁宗接受了刘沆的意见。刘沆奉诏，实行“三举”，革除“三弊”。其一，举荐贤才。他反对近臣拉关系，走后门，任用无德无才之人；而他本人则以国家利益为重，大力举荐贤才，为安邦治国尽力尽责。当时欧阳修被谗出守同州（今陕西澄城县），刘沆奏请皇帝把欧阳修留在史馆修书。过后不久，推荐欧阳修担任翰林学士。欧阳修不负众望，与宋祁等同心协力，终于编修成一部高水平的《新唐书》。刘沆荐人，不为私利，完全出于公心，他引富弼共政，勉其大展经纶，富弼感激不尽。刘沆罢相后，富弼写了一封信给他，仍不忘此事，终身感其恩德。其二，强化中央集权。刘沆深知当时谏官制度的弊端，于是上奏说：“庆历年后，御史掌权，朝廷命令一颁布，事情无论是否妥当，他们都要争论，专门挑出别人无法争辩的隐私来中伤士大夫，宰相畏惧他们说话，就对他们提拔得特别快。”当时枢密使狄青也因为御史的谗言，被免官外放陈州知州，刘沆再次上奏：“御史免去陛下的将相，削除陛下的“臂膀”，他们这些人居心叵测。”为扼制这种情况，刘沆施行御史升职次序的条例，御史任职满两年就外任知州。其三，竭力抑制侥幸，深入观察权近的功过是非，敢于启用贤人，救正时弊。他的这种刚正

宋朝宰辅刘沆墓

的性格，自然要得罪一些小人，任相不到两年，就被人弹劾，于嘉祐元年（1056年）十月罢相。

仕途的坎坷，为政的艰难，壮志的难酬，不免刘沆的心灵蒙上一层阴影，在嘉祐五年（1060年）于陈州治所抑郁而终，享年六十有六。噩耗传来，仁宗十分悲痛，阙朝三日志哀，并亲为墓碑篆写"思贤之碑"四个大字，诏赠左仆射兼侍中。神宗时，复赠太师、中书尚书令，追封兖国公、吴国公；徽宗时，加封秦国公，赠楚国公，谥文安。

仁宗的挽诗对刘沆一生作了很高的评价："早富经纶业，终成辅弼功。立朝无党势，为国尽公忠。此日悲遗直，谁人嗣匪躬？深嗟亡一鉴，何以慰予衷！"（载《永新县志》）一代文宗欧阳修则写了两首挽诗来抒发自己对友人的怀念之情。其五律云："南国邻乡邑，东都并隽游。赐袍联唱第，命相见封侯。念昔趋黄阁，相看笑白头。盛衰同俯仰，旌旐送山丘。"其七律云："连章相府辞荣宠，拥旆名都出镇临。年少已推能宰社，乡人终不见挥金。长蛟息浪归帆稳，乔木生烟蔽日深。平昔家庭敦友爱，可怜松槚亦连阴。"（《居士外集》卷七）

【拓展阅读】

刘沆挂袍

民间传说有一次刘沆回永新省亲，看见家乡父老和兄弟姐妹正在禾河上筑陂引水，心里十分高兴。但因工程浩大，民工有些信心不足。为了鼓舞大家的劲头，他把自己穿的外袍脱下来悬挂在工地上，勉励大家说："我全力支持修陂。见袍如见我，只要大家有决心，水陂一定能修成！"在刘沆的鼓励和支持下，水陂终于顺利修成。家乡人民为了纪念刘沆对水利事业的支持，于是把这座水陂取名为"袍陂"。朝代更迭，岁月流逝，但"袍陂"这个名字一直沿用到现在。解放后，政府结合兴建水电站，对袍陂进行了重大修复，使这座具有九百多年历史的古老水利工程焕发着新的英姿，更多更大地造福于人民。

不庇族人

【原文】

刘沆为宰相时，族人有捕负官租数十万者，宰相不知也。前后官史不敢问。程饷为庐陵县尉，主赋事，乃追逮族人，责令尽偿而后已。或以告宰相，宰相曰："赋入不时，吾家之罪，县官安可屈法也？"乃致书而谢之。后饷罢官至京师，刘沆延见，礼貌有加。饷出，谓人曰："刘公伟量，非他人能及，真宰相也。"

【译文】

刘沆任宰相执政的时候，他故乡家族中有人逃避拖欠了国家的赋税达几十万钱；但刘沆并不知道这件事。当地的官员一连好几任都因为他们是刘丞相族人而不敢过问。程饷担任庐陵县县尉时，负责征收赋税，把逃避拖欠赋税的刘沆族人逮捕关入监牢内，责令他们把所欠赋税全部缴清才能释放。有人把这件事报告给了刘沆。刘沆说："赋税不及时上缴，原是我家犯了法，怎么可以叫地方官徇情而不照国家法令办事呢？"就写信给程饷道歉。后来程饷被罢官来到京城，刘沆接见他，礼貌有加。程饷感慨道："刘沆大量，不是别人能比，是真正的宰相啊。"

2. 文坛宗师欧阳修

【本篇导读】

欧阳修（1007–1072 年），字永叔，号醉翁，晚年号六一居士，吉州永丰（今江西省吉安市永丰县）人。因吉州原属庐陵郡，以“庐陵欧阳修”自居。后人又将其与韩愈、柳宗元和苏轼合称“千古文章四大家”，也是唐宋八大家之一。

欧阳修 4 岁丧父，随叔父在现湖北随州长大，幼年家贫无资，母亲郑氏以荻画地，教以识字。欧阳修自幼喜爱读书，常从城南李家借书抄读，他天资聪颖，又刻苦勤奋，往往书不待抄完，已能成诵；少年习作诗赋文章，文笔老练，有如成人，其叔由此看到了家族振兴的希望，曾对欧阳修的母亲说：“嫂无以家贫子幼为念，此奇儿也！不唯起家以大吾门，他日必名重当世。”

从古至今的学校，都把欧阳修的名篇《醉翁亭记》《朋党论》等当作经典，代代传诵。他的文章常常署名为“庐陵欧阳修”，使得家乡庐陵之名天下所知。庐陵人也一直把这位同乡，当作楷模，为有这样的先贤而感自豪。吉安城最繁华的街道以他的字“永叔”命名，永丰县城修建了纪念馆，家乡沙溪建有西阳宫、欧阳氏祠、《泷冈阡表》碑亭、书院等以纪念之。

画荻教子

欧阳修的父亲欧阳观在四川绵阳任推官，景德四年（1007年）欧阳修在那里出生，4岁时父亲去世，母亲郑氏回永丰沙溪葬夫，带他首次回乡。住了一两个月后，因生活艰难，他们只得起身北往投靠在湖北随州的叔父欧阳晔。年幼的欧阳修对家乡没多少印象，长大后，常听母亲说起家乡的风土人情，说沙溪泷冈的秀美，说父亲的往事。思乡的情绪使他深受感染，家乡常常萦绕脑际。母亲去世时，45岁的欧阳修正知应天府，家安在颍州（今阜阳）。第二年，欧阳修便扶母柩南下，回乡将母亲和父亲合葬，同时还将近20年前相继去世的夫人胥氏、杨氏遗骸合葬在父母坟茔旁。4位亲人长眠于此。他热爱家乡的淳朴和宁静。葬母时，他指着凤凰山对乡亲们说，我死后也要葬在这里。熙宁五年（1072年），欧阳修在颍州病逝，按朝廷大臣墓葬必须在京城500里之内之规定，被安葬在河南省新郑市区西辛店镇欧阳寺村。陵园肃穆，碑石林立，古柏参天，一片郁郁葱葱，雨后初晴，阳光普照，雾气升腾，如烟似雨，景色壮观，故有“欧坟烟雨”美称，为新郑古代八景之一。

虽然欧阳修只回过两次家乡，但他对故土一往情深，他的思想和作品，是庐陵人引为自豪的精神财富，也是中华民族优秀文化遗产的重要组成部分。

欧阳修最大的贡献，是推动和领导了宋代诗文革新运动，产生了深远的影响。苏轼在著名的《祭欧阳文忠公文》中，称欧阳修“终身未必惭韩愈”，将他视为文坛的魁首。在“唐宋八大家”中，欧阳修是“宋六家”之首。宋代的古文运动，是唐代古文运动的继续。唐代由韩愈、柳宗元倡导的古文运动，没有最终完成战胜骈文的任务。宋代古文运动，结束了骈文独霸文坛的历史，使古文走上了顺利发展的康庄大道，欧阳修便是旗手。韩、柳去世后，唐代古文运动后继乏人，宋代科举以文章取士，骈文得以重新抬头。欧阳修自己有亲身的感受。他回忆少年时所见所闻，说当时流行的都是杨亿、刘筠的骈文作品，很少见到韩愈的文章。宋初柳开等人起来倡导古文，但未能转移风气，之后尹洙、穆修、苏舜钦、欧阳修等人继续兴起，终于掀起了宋代古文运动的巨大浪潮。而欧阳修学古文，是其中较晚的一个，但影响却最大。范仲淹为尹洙作《河南文集序》云：“欧阳永叔从而振之，由是天下之文一变而古。”欧阳修后来居上，一跃成为宋代古文运动的主将，是有其原因的。除了他的创作实绩、理论建树外，他的政治地位也是一大因素。宋初的古文家官位都不高，而欧阳修自至和元年（1054年）始，从翰林学士、枢密副使一直做到参知政事，在政治上有举足轻重的地位。特别是嘉祐三年（1058年）受命主持礼部贡举时，他用行政力量来改变考试制度，按自己的标准来录取进士。当时，不少青年举子当中流行一种“太学体”，是反对“西昆体”矫枉过正的产物。作者刻意

欧阳修墓

仿古，文章险怪奇涩，令人难以卒读。这股怪异的文风流传甚广，许多学子随波逐流，竞相仿照。欧阳修决心借科举取士的机会，痛惩文场歪风邪气，培育平易自然的文风。在这场科举考取中，他以文风平淡作为取士的标准，凡是语言险怪的，一律不取。公布登第名单后，原先中选呼声较高的人几乎全部落选，中第的都是文风平易的无名之辈。顿时，风波骤起。落第举子们围攻、辱骂上朝途中的欧阳修。然而欧阳修不为所动，坚持打击险怪文风，终于使“太学体”销声匿迹，一代平易之风逐渐形成，壮大了古文运动的声势。

欧阳修和一批志同道合的文友经过数年不懈的努力，使泥古好怪的文风受到重创。他们又身体力行，创作了大量优秀的作品，促进了诗文革新运动的兴起。他文学创作的突出成就在散文方面，不拘成规，追求新意，富有创造性，具有独特的风神；写的记叙文俯仰古今，抒发感慨；写的议论文逻辑严密，一唱三叹；写的抒情文更是跌宕吞吐，曲折有致。

欧阳修的文章委曲婉转，平易自然。苏洵说过，他写的政论文，观点鲜明，但又不强词夺理、锋芒毕露，而是尽量以简洁平易的语言、婉转的手法把道理讲深讲透，以理服人。《与高司谏书》算得上是欧文中言辞最为尖锐激烈的文章，但并未给人声色俱厉的感觉。文章一开头，从对高若讷的“三疑”写起，先说对他文章有名、正直有学问、论史有据仅仅有所怀疑而已，不是一开始就断定他是伪君子，后来在关键时刻，就是在对待坚持改革的范仲淹的态度上，才完全认识到了他是趋炎附势、用心卑下的伪君子，此时，再怒斥高若讷“不复知人间有羞耻事”，显得有理有据。但仍望他能回心转意，为范仲淹说上一句认可的话。欧阳修在文中还表示，如他执迷不悟，哪怕到朝廷上去告发，自己也毫不在乎。此文真可谓有理有节，有进有退，绵里藏针，显示出了欧文以柔克刚的特色。

欧阳修像

欧阳修的文章词简情深，寄意深远。他善于用晓畅简练的语言叙事言物，看似平淡无奇，却蕴含着深厚的情意，达到了极高的艺术境界。《泷冈阡表》广为传颂，庐陵人更是推崇至极。文中描述了其父的节操，其母的贤达，以及继父母之志的心愿。该文以母亲谆谆的嘱语，生动地叙述了自己幼年丧父、家境穷困、靠其母抚育的往事和父亲为官处世仁厚诚信的品格，认为自己一生坚持操守、建功立业是继承了父母的遗风。即使怀念父母的文章，欧阳修也仍是以朴质的语言，淡淡叙事，不排比铺陈，不用丽词雕饰，可在娓娓道来的言语中，却表达了深切的思念，蕴含真挚的感情，读了令人动容。正如《古文观止》中所评：“善必归亲，褒崇先祖，仁人孝子之心，率意写出，不事藻饰，而语语入情。只觉动人悲感，增人涕泪。”

《泷冈阡表》宋拓本

欧阳修的文章如诗如画，情景交融。欧文中艺术性最高的是山水亭园记和记事、记物的文章。他记的山水景物有的并未见过，如相州昼锦堂、偃江堤等，从虚处生情；亲历或亲见过的景物也往往不作精细刻画，而是喜欢通过若干典型景物、场景的渲染，使人触发联想，抒发主观感受，达到情景交融的效果。如《醉翁亭记》，是欧阳修的代表作之一。他写记，并没有着力描写亭的环境、形态，只是开头简略交代了位置后，把自己的形象放入山水中，进行抒情性描写。山中景物按朝、暮、四季各用一句话描绘一种典型景物，构成六幅画面，而归结到人的“乐亦无穷”，又从“山水之乐”提升到与民同乐的高层次。此文不工笔写景，像是一幅写意画，淡笔勾画，把优美的画面作为人物活动的背景，造成情景交融、形神兼备的意境，具有移情摄魂的艺术魅力。《丰乐亭记》在点明亭的位置以后，便主要围绕“丰乐”二字做文章，突出“宣上恩德，以与民共乐”的主题。《有美堂记》抓住“有美”二字，在天下美景中突出金陵与杭州，在两地比较中突出“有美堂”，以议论带写景。在表达方式上，同样是婉曲舒缓，清逸柔和。语言具有诗化音韵之美，有的散文韵味悠长，节奏有致，像是没有分行的散文诗。

醉翁亭

身为当时“文坛盟主”的欧阳修，对提拔新人、奖掖后进也不余遗力，像梅尧臣、王安石、曾巩、“三苏”这样一批“文学精英”，都曾受益于欧阳修，得到他的器重和提携。欧阳修思想活跃，勇于开拓，具有创造思维，开启了许多新的门径，是典型的学者型文学家，在许多学术领域都富有创造精神。他是宋代最早以怀疑精神进行经学研究的人。他对《易》首先提出了《系辞》《文言》等易传非孔子所作的观点，批评了《诗序》的错误。这种深思善疑的治经方法开宋学风气之先。他用了十八年的时间广泛收集前代的金石遗文，编成《集古录》千卷，并对金石遗文进行辨订考释，撰写了《集古录跋尾》十卷，是金石学史上第一部专门著作。在文学批评方面，他撰写了大量的序跋、书信，其中包含着丰富的文论和诗论，形成了北宋诗文革新的纲领性文学思想。他在晚年还创造了“诗话”这种简短精练的诗论形式，后来发展成文学批评中源远流长的一大门类。在史学方面，他主持编纂《新唐书》，独力撰著《新五代史》，标举名节，论辩正统，丰富并发展了我国史书义例。同时，他还是谱牒“小宗法”的奠基者。

欧阳修不但是一代文宗，为宋代学术文化的发展作出了多方面的贡献，而且是位卓越的政治家。他从天圣八年（1030 年）考中进士后赴洛阳任职步入仕途，到熙宁四年（1071 年）六月致仕，从政 42 年，官至参知政事，位高权重，但是宦海浮沉，历经曲折坎坷，仕途极不平坦。他在洛阳任满后回京做了馆阁校勘，看不惯身为司谏的高若讷附声诋毁范仲淹等正直大臣的行径，撰写了著名的《与高司谏书》。高若讷恼羞成怒，把书信上奏朝廷，欧阳修因此被贬为峡州夷陵（今湖北宜昌）县令。几经辗转，到乾德、滑州等地任职。康定元年（1040 年）六月才奉召还京，复馆阁校勘职务，又改官集贤校理。他两次上书言事，呼吁朝廷改革，其中的《准诏言事上书》一文，力陈三弊五事，揭露宋王朝积贫积弱的症结所在，指出朝政改革势在必行。奏呈未被采纳，欧阳修请求外任，出判滑州。庆历三年（1043 年）三月，他再次被召回京，负责草拟皇帝诏令。此间，他成为庆历新政的热心促成者、积极参与者，极力主张改革。守旧派把他视作眼中钉、肉中刺，一年多后，他被排挤出朝廷，任河北都转运按察使。不久，在守旧派的诬陷下，他被贬为滁州知州。后来 10 余年间，欧阳修先后出知扬州、颍州、应天府等地，直到至和元年（1054 年）五月，才奉诏还京，纂修《新唐书》，不久提升为翰林学士兼史馆修撰。嘉祐二年（1057 年），欧阳修受命主持礼部贡举，作为科举考试的主管，不遗余力地推进平易自然文风的形成。嘉祐六年（1061 年）八月，欧阳修转户部侍郎，改任参知政事，这是他一生最为显赫的时期，身居宰辅，是朝廷的执政大员，然而心情并不舒畅，壮志难酬，任职 6 年，上书求退，于治平四年（1067 年）月自罢参政出知亳州，又改知青州，并充任京东东路安抚使。欧阳修目睹王安石倡导的熙宁

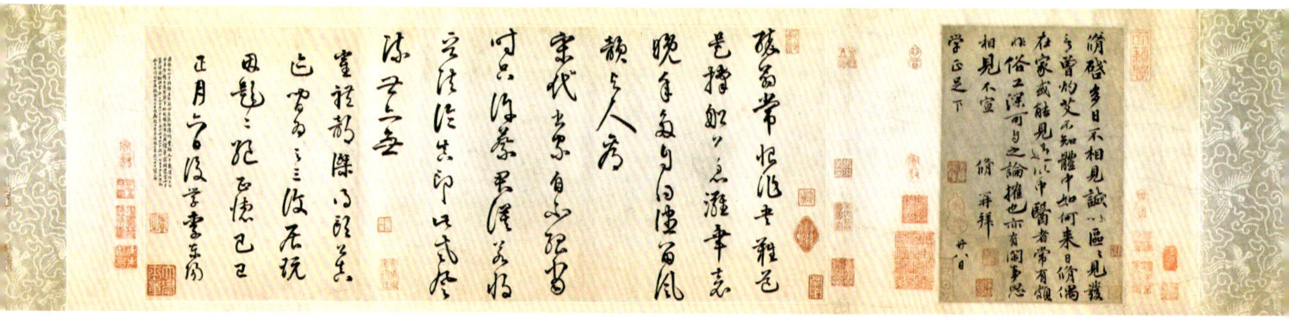

欧阳修《灼艾帖》

新法中的青苗法实施时的弊端，便予以抵制，引起朝廷不满，让他改知蔡州，他一再奏章告老求退。他虽没有真正实现治国平天下的抱负，但一直在为国家的富强和人民的安定不屈不挠地奋斗着。不管是在朝廷任职还是任地方官，真正做到了“居庙堂之高则忧其民，处江湖之远则忧其君”，是封建社会不多见的有远见卓识的政治家之一。

【拓展阅读】

吉安永丰欧阳修纪念馆

欧阳修纪念馆修建于1984年。1997年，为纪念欧阳修诞辰990周年进行了陈列修改。2007年，为迎接欧阳修千年华诞，对陈列室进行了重新设计规划，开辟了三个展厅，分为刚正爱民政治改革家、北宋文坛领袖、功绩卓著史学家、道德文章天下师等四个部分。利用图表、文字、照片、实物和场景等方式，全面介绍欧阳修的生平，系统展示了欧阳修在文学、史学、政治、经学、金石学、目录学、谱牒学等方面的成就，展现了他一生为中华文明乃至世界文化作出的巨大贡献和留下的许许多多珍贵的文化遗产。也正因为如此，欧阳修一直为世世代代的中华儿女、国际友人所敬仰和尊崇。欧阳修纪念馆1996年被列为市爱国主义教育基地，2001年被列为省级爱国主义教育基地，2009年永丰县纪委将其确定为廉政教育基地。

永丰欧阳修纪念馆

欧阳修纪念馆建在永叔公园内，园内主要有醉翁亭、六一亭、至喜亭、《泷冈阡表》碑亭等建筑，还有欧阳修石刻雕像、“画荻教子”雕像、“文坛泰斗”两组人物青石雕像及文化长廊、纪念碑廊等，加上古朴高雅的状元楼（宋）和雄浑端庄的报恩寺塔（明）坐落其间，更显文化底蕴的丰厚。

3. 抗金忠烈杨邦乂

【本篇导读】

金兵入侵，民族危亡，他舍生取义，为国捐躯。他一身正气，像一颗璀璨的星星在历史的浩瀚长空中永恒地闪烁。他从容就义的崇高民族气节，一直为后人敬仰，他被誉为“庐陵五忠一节”之一。明太祖朱元璋有《褒忠诗》云：“天地正气，古今一人。生而抗节，死不易心。”

杨邦乂像

杨邦乂，字晞稷，庐陵吉水县杨家庄（今吉水县黄桥乡云庄村）人。北宋末年（1115 年）中进士，在地方和朝廷任职多年。北宋王朝覆灭后，康王赵构慌忙南逃，建立南宋，称为高宗。他的皇位未坐稳，还来不及整治军务，金兵就兵分两路大举南侵，企图吞并江南。建炎三年（1129 年）九月，金兵气汹汹向南攻来，高宗赵构见势不妙，丢下刚刚定都的临安，向东逃亡，朝廷一片混乱。一些贪生怕死之徒开始怂恿高宗向金人投降，而岳飞等忠臣则力主抵抗，保住大宋江山。在金兵逼近长江，锋芒指向江南重城建康（今南京）之时，杨邦乂受命任建康军府通判兼提领沿江措置使司，分管军务，主要职责是领导兵民，配合尚书右仆射大将杜充、户部尚书李悦、知府陈邦光保卫建康。

他整日忙于加强防务，训练兵士，筹备粮草，以迎来敌，但受到上司的牵制，无法展开手脚实现自己的意图。十一月，金兵正式进攻，宋军抵抗，在马家渡首战失败，金兵乘胜占领了建康南门铁佛市。宋军大将杜充，本来就对战局信心不足，加上首战不胜，金兵压境，吓得胆战心惊，趁夜将军队撤离建康，匆匆如丧家之犬乘船逃往真州（今江苏仪征）。杨邦乂见主力部队逃走，痛恨已极，只得临危挺身而出，率残兵与民众据守孤城。此时的高宗赵构，只顾自己和皇宫大臣逃命，根本不把建康城的存亡放在心上。杨邦乂孤立无援，终因寡不敌众，城破被俘。贪生之徒户部尚书李悦、知府陈邦光见大势已去，把国家的利益、民族的尊严丢在脑后，屈身向金兵统帅金兀术投降。杨邦乂被捕后依然昂首挺立，决不像那些软骨头一样向敌人跪求饶命。他斩钉截铁地说，宁可杀身，决不投降。金兀术（即完颜宗弼）见此刚烈之士，也产生了几分敬意，决定暂不杀他，劝他投降，以显金国之威，收宋人之心。

金兀术先是要杨邦乂的老部下、老朋友去规劝，企图以念亲之情来动摇信念。一位曾受邦乂器重的下属对他说，你把自己的兄长当作父辈，是他抚养你成人的，他老了，嫂子和侄儿只得倚附你了；还有，你的儿子还年幼，女儿还没出嫁，都得依靠你，你如不降金，枉送了性命，他们怎么办呢？即使你不念及乡情家事，就算为国家吧，可眼下局势你很清楚，皇上都避开了，大将也不抵抗，你身为一名臣子，已尽了职，投降为何不可？

杨邦乂厉言答道，兄弟情、儿女情是人之常情，难道我就没有吗？大宋虽暂受凌辱，可人心是不可胜的，我决心以身殉国，别无他求。金兀术见此计不成，便亲自出马，设宴要降臣陈邦光以议事的名义请邦乂。邦乂猜想是金人的诡计，坚拒不往，金兀术命金兵把邦乂强行扶到庭上入席，金兀术强作笑脸劝他降金，许以高官厚禄。邦乂大声喝道："我决不苟且偷生与你们同流合污！我死都不怕，利诱岂能动我的心。"说着便向柱子上撞去，一时血流满面，昏迷过去。金兀术无奈，只好把他押回牢房。

可金兀术仍不死心，不相信有如此坚强的人。过了不久，金兀术再次设宴，把李悦、陈邦光等一众降者叫来喝酒，又派人去把杨邦乂硬拖到庭上。陈邦光受金兀术指使，厚颜无耻地对杨邦乂说："我们已成人家囚笼中的人，无法脱逃，不如回心转意投靠他们，不然，枉送了性命，实在太可惜了。"不等话音落下，杨邦乂怒目斥责道："你身为朝廷重臣，奉命守卫宋城，敌人来了你不抵抗，为保性命卖国求荣，居然还与敌人一块喝酒玩乐，还有什么脸面来劝我！"

这时，金兵一官员用纸写了"死""活"两个大字给杨邦乂看，说："你不要再说什么了，不想活，就写个死字。"杨邦乂立即提笔写了一个很大的"死"字。金兀术等人看了无可奈何，只得把他拖走。杨邦乂为了表达自己的心愿，暗地咬破手指在衣襟上写下血字："宁作赵氏鬼，不为他邦臣。"

金兀术见劝降无望，终于下了毒手。临刑前，金兀术亲自再劝他一次。杨邦乂仍不为所动，对金兀术说："我是大宋的臣子，决不会依顺你的，我恨不得把你杀了！现在，任凭你处置！”说着脱去衣服，露出内衣的血字。金兀术惊骇不已。

在刑场上，杨邦乂仍高昂着头，大骂金人不止。刽子手嫌耳烦，竟残忍地把邦乂的舌头割掉，一刀剖开他的胸膛，剜去心脏。一个年仅 44 岁顶天立地的伟男子，倒了下来，殷红的鲜血溅出人间最瑰丽的图画。金人残害杨邦乂的噩耗，立即传遍了建康，传到了他的战友之中。南宋逃亡的小朝廷在这位刚烈的英雄身上，看到了民族的力量。力主抗金的爱国将领，更是义愤填膺，重整旗鼓抗击金兵。建炎四年（1130 年）五月，岳飞率勇猛无前的“岳家军”和金人血战，终于收复了建康。高宗回到临安后，对杨邦乂的忠烈精神赞叹不绝，特此下旨颂扬，文中指出：正值困难之时，身穿甲胄的将士望风而逃，守城中的官员蒙耻投降，而你能忠于国家，誓不屈服于金人，宁愿被杀也不求饶，你的死重于泰山！

杨邦乂剖心处

【拓展阅读】

杨邦乂少年求学，博通古今，而操守严谨，非礼勿视。同学想试试他是不是真的正人君子，假说请他到朋友家去玩，将他骗进妓院。杨邦乂开始没有发现，喝了几杯酒后，妓女出来了。杨邦乂大吃一惊，连忙逃走，还将当时穿的衣服都烧了，痛哭流涕地责备自己。

4. 刚正名臣胡铨

【本篇导读】

海南岛最南端的城市三亚，有个著名的风景名胜天涯海角景区。十几年前，新辟了一个景点叫历史名人园，纪念为海南岛开发作出贡献的名人，其中有一尊挺立的高大石雕像格外引人注目。他昂首南天，气宇轩昂，棱角分明的脸庞表情坚毅而冷峻，又含几分忧伤。他，就是誉为“庐陵五忠一节”之一的胡铨。

五公祠

几百年前，海口市郊就建了座称作“海南第一楼”的“五公祠”，里面不仅有塑像、有赞词，还有“五公”的生平。这是海南人民为纪念五位在唐宋两代，被贬谪到琼岛的著名大臣而建的场所。后又投巨资在对面建成了富丽堂皇的“五公祠陈列馆”。胡铨，就是其中的一位。他为维护民族尊严，与卖国求荣的奸贼不屈不挠作斗争的气概，他屡遭迫害而爱国之心未变的精神，载入了中华民族的史册。他更是庐陵人民崇拜的英豪、学习的榜样。少年时的文天祥，去瞻仰先贤祠时，就被胡铨的精神所感动，立志要做一个像他那样的人，报效社稷江山和黎民百姓。可以说，胡铨是庐陵的第一个勇士，是南宋初庐陵知名人士中影响最大、经受磨难最多的人。

胡铨（1102–1180 年），字邦衡，号澹庵，今青原区值夏镇人。他少时正值国家动荡不安时期。腐朽的北宋朝廷内忧外患，北方的辽、夏、金等少数民族日趋壮大，时刻威胁着边境，而国内灾祸不断，贫苦的百姓度日艰难，贪官酷吏横行肆虐，朝廷内部钩心斗角，北宋政权逐步衰落。靖康元年（1126 年），金人掳走徽、钦二帝，北宋灭亡。康王赵构，匆匆在应天府称帝，改年号为建炎，称作高宗，不久定都临安。高宗为了广揽人才，于建炎二年（1128 年）开科取士。胡铨抱着一腔爱国热忱去应试。他紧紧扣住“民为贵，君为轻”的民本思想这个中心，对御试题中提出的“治道本天”的观点，切合现实地进行了层层论述，毫不讳言地建议皇上不应听命于天，而要听命于民，选择贤臣良将，体恤民众，积蓄国力恢复大宋江山。这次考试，由著名的主战派大臣礼部侍郎张浚主持，他读了胡铨的对策，大加赞赏，文中强国富民、报仇雪耻的观点正合他的心意，就向皇帝推荐，后来录取为第五名进士。

胡铨雕像

怒写斩秦书

绍兴八年（1138 年），南宋朝廷发生了一件轰动江南的大事。奸相秦桧指派亲信王伦出使北方的金国，请求对方派人来南宋和谈。金国的使臣同王伦来到京城临安。他们不称南宋为国家，而称“江南”，以主人的口气，要高宗皇帝脱下皇袍，改穿臣子的衣服，跪下来接金国的“国书”。他们说，若要和谈，你们每年必须送 25 万两银子、25 万匹丝绸给我们，否则就要动武。秦桧对高宗说，这些条件不算高，就答应吧，不然他们打过来，损失就更大了。高宗为了保住皇位，甘愿受此屈辱，就同意了和谈条件。这个消息一传开，震惊了京城。当时，朝廷官员分为主和派和主战派两大派别。岳飞、韩世忠等主张出兵进击，决不能退让以求得一时平安。可是，主和派的头领秦桧把持了朝廷大权，连皇帝也得听他的话，谁也奈何不了他。少数爱国大臣只好口头上劝高宗，不要听秦桧的话，以免上当，导致后患。

在朝廷当编修官的胡铨，听到丧权辱国的和谈消息，十分气愤。他知道罪魁祸首是秦桧，必须向皇帝揭露他的面目，决不能听信妖言。胡铨立即写了《戊午上高宗封事》呈报皇帝。他在文章中指出，金人视我国为“江南”，实质上是要灭亡我大宋，和谈只不过是个幌子。皇上您千万不能听信秦桧的一派胡言甘当个“儿皇帝”。胡铨还直接责问高宗："竭民膏血而不恤，亡国大仇而不报，含垢忍耻，举天下而臣之，甘心焉？"他劝诫皇帝决不能屈膝求安："此膝一屈不可复伸，国势陵夷不可复振，可谓痛哭流涕长太息！"他把矛头直指秦桧，声明自己"义不与桧等共戴天！"他认为，要扭转目前的局势，就必须杀掉秦桧及其爪牙王伦、孙近三贼，把他们的头挂在城墙上，然后把金国的使臣抓起来问罪，再发动军队去夺回失去的国土，就可报仇雪恨了。如果皇上执迷不悟而求和，自己宁愿"赴东海而死"，也不愿"处小朝廷求活"。

这篇饱含着爱国激情的"斩奸书"，流传出去后，一个叫吴师古的进士立即刻版印刷散发，官民争相传诵，大快人心。金国也花千金购得一份，读后"君臣失色"，想不到江南还有此忠烈之士，不敢轻视宋廷了。"斩奸书"更使秦桧惊恐万分。他想，满朝大臣谁不怕我？有什么意见至多口头表示一下。没想到胡铨这个不知天高地厚的小编修官，竟敢向皇帝说要杀掉我的头，这还了得！可要灭掉他，又怕人说是挟私报复，引起公愤，误了和谈的大事。秦桧就把胡铨赶出京城，流放到偏远的广东山区管制起来。

胡铨在广东被管制了 4 年。他听说抗金将领岳飞被秦桧害死，十分气愤，心想这秦贼太恶毒了，视国家的命运为儿戏，肆意陷害忠良。于是，义愤满腔地写了篇奏疏给高宗，再次提出要杀掉秦桧以谢天下，否则，国家会葬送在奸臣手里。秦桧知道后，对高宗说，这胡铨为有罪之徒，有什么资格议论朝廷大事？还专门攻击我，我可是一心为国着想呀！高宗听了他的挑唆，把胡铨流放到更远的新州（今广东新会）。几年后，又将他流放到称为"天涯海角"的海南岛吉阳军（今崖县）。当时，那里很荒凉，人烟稀少，野兽横行，环境险恶。胡铨在孤岛上整整生活了 8 年，经历了数不清的苦难。直到秦桧死了，胡铨才从海南岛移到衡州管制。孝宗登基，把胡铨召回朝廷。此时，他已 61 岁，足足流放了 23 年。

胡铨流放岭南

决不言和

孝宗刚登基的时候，想依靠胡铨、张浚等主战派的力量去抗御金兵，收复失地，雪洗国耻。金国知此动态，害怕南宋起兵，便派使臣南来修好。是战？是和？南宋朝廷又一次争论不休，孝宗左右为难。时任秘书少监、侍讲、兵部侍郎的胡铨，此时位高权重，很得皇上器重。坚持抗金、反对议和是胡铨的一贯立场。胡铨利用向孝宗讲经的机会，劝导皇上说："陛下锐意恢复，不愧为一代明君。金人派人来修好，尽说甜言蜜语，态度也不似以往那样蛮横，这正是胆怯的表现，陛下应拿定主意，绝对不要说'和'字。"胡铨的一番话语，正合孝宗的心意。于是，他采纳了胡铨的意见，起兵收复失地。然而，事不如人愿。抗金名将张浚统帅的军队攻下宿州等地后，继续挥师北上。可是，军中有几个部将贪图安逸已久，不愿苦战，张浚也年事已高，鞭长莫及。军队连连受阻，遭到重创，只好据守阵地，无法进攻。抗金信心原本就不足的孝宗，看前线失利，便有几分心灰意冷，想双方和好过几天安稳日子。此时，朝中主和派的腰又硬了起来。孝宗干脆起用主和老手、秦桧的余党汤思退为右相——看名字就知他是何派人物。不仅如此，孝宗还派卢仲贤等大臣赴金国议和。

胡铨像

胡铨面对孝宗突然转变抗金念头的局面，心里十分着急。他知道，在形势危急的时期，自己作为朝中重臣，应该立即提出建议，坚定皇上抗金的信心。正好孝宗诏令朝廷的大臣商讨国事，胡铨便连夜赶写奏疏《上孝宗封事》。

这天，胡铨退朝回家，一放下饭碗，便铺纸研墨，构思《封事》的内容。他想，现在不比20多年前上书高宗奏斩秦桧时的情形。那时，秦贼权倾朝野，高宗昏庸。如今孝宗有抗战之心，只不过一受挫便动摇；汤思退虽为右相，但无法左右朝廷。那时，自己只不过是小小的编修官，人微言轻；现在，自己位居要职，深得皇上看重。此次上奏，一定要回顾往事，分析时局，务陈利弊，以理服人。用什么方式来表述呢？胡铨苦苦思索，选择了"十吊十贺"的格式，言明议和之害和不议和之利，以使皇上阅后有所醒悟。

胡铨在《封事》中提出，那些主和者，并不是不知道和议之害，然而却仍主张议和，

胡铨墓　墓联为胡铨二十五世孙胡仁题撰并手书

是因为怯懦、苟安和附会，都是些误国的小人。现在，中原百姓思归大宋，盼望陛下救他们于水火之中，如议和，则使他们绝望。自秦桧当朝20年，竭民膏血饴金人，导致现在府库无旬月的积储，村落萧条，灾害频繁，如再议和，还要向金人进贡，年复一年，民众贫困，从当今的形势看来，决不可和议，恳请皇上尽快决断追回去金国的使臣。如是这样，能节省数千亿经费，专心战备，使兵民富足，没有称臣之类的耻辱等。如果陛下对我说的不以为然，请求将我再次流放。胡铨将《封事》呈送后，孝宗觉得言之有理，便又动摇了议和的念头。过了几个月，据传金兵又将南侵，孝宗便将议和及遣使的事重提。隆兴元年（1163年）十一月底，孝宗召朝廷14位要臣征询意见，6个人说听陛下的，7个人顾左右而言他，只有胡铨一人坚决反对议和，提出了破金兵之策。孝宗见此情景，左右为难，不好定夺。见此情景，胡铨请命亲自带兵前线抗金。时值严冬腊月，河水冻结，胡铨身先士卒，手持铁锤下河击冰。将士们深受鼓舞，一鼓作气，奋勇作战，终于击退了金兵的入侵。

5. 诗坛巨匠杨万里

【本篇导读】

“毕竟西湖六月中，风光不与四时同。接天莲叶无穷碧，映日荷花别样红。”他这首《晓出净慈寺送林子方》，以通俗清新的语言，描绘了西湖迷人的景色，成为古今传诵的名篇。他另一首《小池》：“泉眼无声惜细流，树阴照水爱晴柔。小荷才露尖尖角，早有蜻蜓立上头”，以平易活泼的语言，细腻地描写了有动有静的小池一景，生动而形象，细读还能品出几分人生的哲理。

杨万里（1127–1206 年），字廷秀，号诚斋，吉州吉水（今江西省吉水县黄桥镇湴塘村）人。南宋著名诗人。800 多年后的今天读他的诗，仍然是那样通俗易懂，朗朗上口，可见他的作品具有持久的生命力，深受人们喜爱。杨万里的诗在当时的诗坛上独树一帜，称作“诚斋体”，在中国文学史上留下了辉煌的一页。

杨万里像

杨万里出生的那年，金兵大举入侵中原，徽、钦二帝及太子、宗亲三千多人被俘，北宋灭亡。康王赵构即位建立南宋王朝，偏安江南。从此，开始了宋金长期对峙的局面。南宋朝廷上下是战是和一直争执不休。一些贪图安逸之徒畏金如虎，极力主张议和，不惜丧权称臣，甚至勾结敌人，蒙蔽皇上，陷害忠良。但有不少忠直之士，主张强国富民，恢复失地，重整大宋江山。于是，南宋与金国战战和和，老百姓难得过上几天安稳的日子。杨万里生长在这样的时代，十分关心国家的前途和命运，立志爱国图强。他钦佩庐陵著名的爱国名臣胡铨的学问与节操，专程去拜见途经赣州的他。胡铨力主抗金，敢言杀秦桧谢天下的爱国主义精神

杨万里赴永州图

和不屈的斗志，给了杨万里以重要的影响。绍兴二十四年（1154年）春，杨万里考中进士，从此走上政坛，经历了高宗、孝宗、光宗、宁宗四代，忧国忧民成为他思想发展的主线。他在湖南永州零陵任县丞时，著名的爱国将领张浚受秦桧迫害，贬到永州，满腔忧愤，闭门谢客。杨万里非常崇敬这位名将，三次前往拜见，聆听张浚的教诲，张浚勉励他“正心诚意”。杨万里以此当作终生的座右铭，把自己的书室命名为“诚斋”，以明己志。胡铨当时也被贬谪衡州，杨万里特地请这位家乡前辈写了篇《诚斋记》。杨万里为此感到荣幸，称自己“一日而并得二师”。张浚、胡铨两位爱国忠臣成为杨万里终生学习的榜样。张浚去世后，杨万里为国家失去了一位良将忠臣而深切悲悼，亲自为他写传记，并在挽词中写道：“一生长得忌，千载却空思。”孝宗即位后，锐意恢复。隆兴元年（1163年）秋，杨万里调至京城临安，任临安府教授。他在上奏的《千虑策》30篇中，深刻总结了靖康之难以来的历史教训，直率地批评了朝廷的腐败无能，提出了振兴国家的方针策略，充分显示了杨万里的政治才能。乾道六年（1170年），杨万里任江西奉新县知县。正值大旱，上任后他见到牢中关满交不起租税的百姓，官署府中却依然空虚，知道是官吏中间盘剥所致。他便下令全部放还牢里的囚犯，禁止逮捕、鞭打百姓，然后给农户发通知，放宽其税额、期限。此举受到百姓拥护，不出一月欠税全部交清。半年后，杨万里调回京城任国子博士，又任太常丞兼权吏部右侍郎官，后到常州、广东常平任职，于淳熙十一年（1184年）召回京任尚书右郎、吏部员外郎、尚书省右司郎中等职，为治国安邦提出了不少建议，却得罪了权臣，贬往江西高安。光宗即位后，杨万里被召回京，他连上三札望光宗爱护人才，防止奸佞，亲君子，奖直言。他被任为金国贺正旦使的接伴使，兼实录院检讨官，与宰臣不和，出任江东转运副使。此时，朝廷要在江南诸郡发行铁钱会子，杨万里认为这只能加深人民的苦难，上书反对，结果又被贬职赣州。

他不肯去，于绍熙三年（1192 年）八月，回到家乡吉水安度晚年。此后 14 年，宁宗屡次召他进京，他不满权臣误国，坚辞不受，直至开禧二年（1206 年）去世。几十年从政生涯，使他对祖国的热爱和对人民生活的关切之情不断得以强化，他把生活中深切的感受寄于诗中，并在表达方式上有所创新，形成了鲜明的特色。

杨万里一生写了两万多首诗，是我国历史上最多产的诗人，与南宋杰出的诗人陆游、范成大、尤袤齐名，被后人推为“中兴四大家”。他写诗的题材非常广泛，从国家大事一直到日常生活，无所不诗，可惜大部分失散，只流传下 4300 多首。他的诗歌，充满着强烈的忧国忧民之情，留下了大量爱国主义的诗篇。特别是他充任金国贺正旦使的接伴使时，往来于江、淮之间，迎送金使，亲眼看到沦陷于金国的大宋河山以及中原遗民父老，心中充满国家破碎的耻辱和悲愤，写下了如哭如泣的诗篇，如著名的《初入淮河》四绝句，其一云：“船离洪泽岸头沙，人到淮河意不佳。何必桑乾方是远，中流以北即天涯。”其三云：“两岸舟船各背驰，波痕交涉亦难为。只余鸥鹭无拘管，北去南来自在飞。”唱出了灾难深重中爱国人士和广大人民的共同情感。他写的《读罪己诏》《虞丞相挽词》《故少师张魏公挽词》等，或寄托家国之思，或呼吁抗战复国，或歌颂抗金将领，都是直抒爱国思想的佳作。

杨万里的诗歌创作成就最显著之处，是描写祖国山川景物的美丽和对劳动人民生活的关心及颂扬，洋溢着对生活对祖国的热爱之情。杨万里在《圩丁词》中写道：“年年圩长集圩丁，不要招呼自要行。万杵一鸣千畚土，大呼高唱总齐声。……河水还高港水低，千支万脉曲穿畦。斗门一闭君休笑，要看水从人指挥。”以朴素的语言，描写了筑防水堤的民工们与洪水斗争的劳动场面和斗争精神。可见作者不但接近劳动人民，还熟悉他们的思想感情。他描绘乡景的《宿新市徐公店》一诗，更有情趣：“篱落疏疏一径深，树头花落未成阴。儿童急走追黄蝶，飞入菜花无处寻。”

杨万里赋诗图

杨万里的诗歌作品不拘一格，富有变化，具有新、奇、

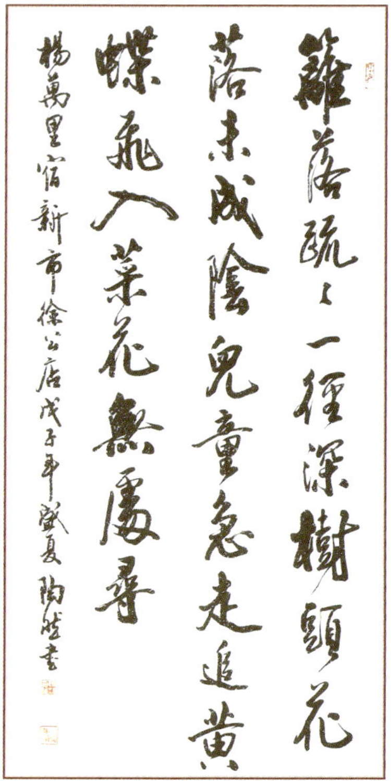

《宿新市徐公店》书法作品

活、快、趣的鲜明特点和强烈的艺术感染力。他善于细致观察事物，用清闲灵活的笔调，将日常生活中平凡的景物融于自己的思想感情，诗中充满了浓郁的生活气息。在表达方式上，他能勇于摆脱清规戒律，十分注意学习民歌的优点，大量吸收民间的语言，往往“俚辞谚语，冲口而来”，呈现出通俗浅近、自然活跃的语言特色。

在我国文学史上，杨万里的诗歌自成一派，人称“诚斋体”，以平易而深刻、新巧和隽永的艺术风格自立于诗林。他的诗，在当时就有很大的影响，“今日诗坛谁是主，诚斋诗律正施行”（姜特立《谢杨诚斋惠长句》）、“四海诚斋独霸诗”（项安世《又用韵酬潘杨二首》）便是同代人对他的评价。他的诗歌创作，走过的是一条由广学博取、转益多师再踏上面向现实、师法自然的道路。他能广泛地学习前人作品，吸收他们的成果，经过一番消化，终于另创新意，自成一家。他自己说过，他学诗最初由江西诗派入手。绍兴三十二年（1162 年），杨万里任零陵县丞时，觉得自己过去写的一些诗都不好，便毅然烧掉一千多首，其中有不少好诗，连当时的诗人尤延之都觉得“焚之可惜也”。杨万里决意跳出江西诗派的窠臼，诗格至此一变。后又学陈师道五字律，学王安石七字绝句，学唐人绝句，总不如意，立志要超出前辈。到他写作《荆溪集》时，便“忽若有悟，遂谢去前学，而后涣然自得”。杨万里正是以这种不肯拾人牙慧、傍人篱下的开拓创新精神，别转一路，形成特色，建立自己的诗派。当然，更重要的原因是他具有深厚的忧国爱民的情怀和丰富的人生经历，熟悉劳动人民的生活，这些成了他诗歌创作的源泉。

杨万里一生除了做地方官，只做到秘书监，而且还是文学“清秘”一类职务，和权位根本挨不上边。因为宋孝宗厌恶他，他得不到重用，一生无法施展抱负。而孝宗厌恶杨万里的原因，不外乎杨万里秉性刚直，疾恶如仇，不给任何人留情面。孝宗即使这样厌恶他，也不得不承认杨万里这个人“有性气。”

6. 南宋名相周必大

【本篇导读】

他是当时朝野称颂的政治家，历仕南宋高宗、孝宗、光宗、宁宗四朝，曾在两朝任过右丞相、左丞相，从政50余年，为富国强民殚精竭虑；他是诗文俱佳的文学家，著有《省斋文稿》《平园集》等80余种，共200卷；他是杰出的私人刻书家和图书校勘学家，退休回乡后，刻印校勘了大量的历史文献，为保存珍贵的文化资料作出了贡献，在中国图书史上，"周必大刻本"被奉为私家刻书的典范。

周必大像

周必大，字子允，一字洪道，号省斋居士、青原野夫，今吉安县永和镇人。他出生于靖康元年（1126年），4岁时父亲去世，在母亲的督课之下刻苦求学，12岁时母亲病故，只得跟随伯父去广东，两年后回乡，不久又随伯父辗转各地。从小失去双亲的周必大，以顽强的意志艰苦励学，于绍兴二十一年（1151年）中进士，随后又中博学宏词科，开始了大半辈子的官场生涯。他从政时大部分时间在朝中任职，先后任秘书省正字、国史院编修官、监察御史、参知政事、枢密使等职，淳熙十四年（1187年）拜右丞相，后任左丞相。周必大的仕途还算顺畅，直至晚年才遇坎坷，先是遭弹劾，以观文殿大学士出判潭州，而后因举荐官吏中的纠纷，连连降职。庆元元年（1195年），70岁的周必大以少傅致仕，回到家乡庐陵定居。他作诗写书，刻校图书，不得空闲。嘉泰四年十月初一日（1204年10月25日），79岁的周必大寿终正寝，朝廷诏赠太师，谥文忠。家乡人民为了纪念他，建祠祭祀；把他的诗文收集刊印成册，名《文忠集》，存留至今。

富有丰厚文化传统的庐陵，培育出了周必大这位杰出的人物。他的施政方略，他的治国对策，他的奏章诗文，无不饱含忧国忧民之情，无不表现善于安邦定国的才华；他还是“源深流洪，九流七略，靡不究通”的大学者，在我国的思想文化史上占有一定的位置。

爱国爱民的思想，在周必大的一生中一直居于主导地位。他出生于由北宋转为南宋的兵荒马乱的年代。当时，高宗仓皇南逃，偏安临安。是挥师“雪耻”，还是向金“称臣”议和，朝廷内部争斗不休。年轻的周必大痛恨卖国求荣的奸臣，盼望北伐雪耻，建功立业，以身报国。他在诗中写道：“收取关河报明主，云台烟阁伫奇勋”；“闻道宵衣劳圣主，有时夜舞忆神州”。周必大任朝官几十年，南宋一直处于金兵的威逼之下。虽然有奸臣作祟，也有人满足于偏安，歌舞升平，“直把杭州作汴州”，有人畏金如虎，丧失斗志，但富国强兵，收复失地，仍是朝野大多数人的愿望。隆兴元年（1163 年），孝宗登基。当时，金国视南宋为“臣”，南宋也愿与金国“和平共处”，边境虽有摩擦，但局势总的来看还比较平缓。孝宗想做个开明的中兴之主，需要一批忠耿和有胆识的臣子辅佐，因此，对有利于国家稳定和发展的意见还听得进去。特定的时代和环境，成就了周必大的事业。他身居高位，却对南宋的现状有十分清醒的认识。他认为不能空喊报仇雪耻，而应当积蓄国力，强兵富民，才能与金国抗衡。他反对谈金色变，也反对仓促伐金。被称为“太平宰相”的周必大，在执掌国家大政方针之时，采取的是一种稳健持重的内政外交方针，表现出一个政治家的远见卓识。他任丞相上的第一个奏章就提出：“今内外晏然，殆将二纪，正可惧之时，当思经远之计，不可纷更欲速。”这话有两层意思，一是在较为平安的环境里，要有危机感，居安思危，考虑长远之策；二是要采取稳妥渐进的方针，不可急于求成，变更过

周必大墓

快。可见周必大反对那种不作充分准备而轻率伐敌的计划和做法。事实证明他的想法是正确的。韩侂胄率兵北伐，以大败而告终。为达到富国强兵的战略目的，周必大实行了一系列有效的策略。在内政方面，他认为首先是使兵力强大。他主张首要的是选好将领，兵才能精。为了整肃军纪，他制定了“诸军点试法”，明确了军官升迁和差遣的条文规定。有时他还当面考察将官，看能否胜任其职，对那些不称职者，予以革除。于是“主帅悚激，无敢容私”。对各军队自行招募的兵丁，周必大常“亲阅之”，察看虚实。经过整顿，军纪有了好转。孝宗对此大加赞扬。其次，周必大认为要使国家富裕起来，要大力发展商贸业，以商促农，增加国家收入。他还强调，发展农业是治国之本，要“躬行阡陌，视民如子”，百姓才能安心生产。第三，周必大认为必须安抚民众。孝宗即位不久，四川部分饥民闹事，周必大说百姓是因为穷困才闹事，如去镇压会激起更大的民愤，应下诏书去安抚，并放宽征收田赋的日期。朝廷按周必大的意见处理，果然很快平息了事件。淳熙年间，长江两岸久旱不雨，灾情严重，周必大请求皇上“捐南库钱二十万”。这次赈灾活动，受到上下好评。又有一年，久雨不止，洪水泛滥，周必大奏请皇上减少后宫开支以赈灾，并命省部抚恤。周必大的民本思想，对稳定社会起到了积极的作用。第四是要做到政治清明。他认为，政通人和，君臣同心，才能抵抗外敌。他主张广开门路选择人才，对“秦桧忌刻逐人才，流弊至今”的现象极为不满。他对官员实行考核，“考绩而升黜之，则智者用，愚者伏，贤者进，不肖者逐”。周必大在内政管理上实行的这些措施，对增强国力，巩固政权，发挥了重要的作用。在外交方面，周必大保持了高尚的民族气节，表现了一个成熟爱国政治家的骨气和胆略。面对时窥

周必大题“节推”匾

南宋江山的金人，周必大始终抱着不卑不亢的态度。高宗死时，朝廷的主和派请求皇帝派使臣向金人送讣告，周必大力阻此事，无奈不成。后来，金使到了，有人提出应换掉孝服，穿官袍接见以尊重金使，周必大坚决反对，坚持穿孝服“就帷幄引见”。周必大凭着自己的才华、胆识和品格，受到了几代皇帝的器重，赢得了臣民的尊重。

周必大的文章诗词造诣很高，享有盛誉。他所作的奏章策论，“制命温雄，周尽事情，为一时词臣之冠”，常为文臣的楷模。他所作的散文诗赋，文笔简练，情趣淡雅。如《玉和堂记》，结构上很有特色，先总写一句：“敞扉而凉，塞向而燠，可以纳四时之和气”，然后紧承此意而分述春夏秋冬之景，有分有合，严谨中出变化。他所描绘的乡景，平淡而清雅。他退休回到吉州城，在原贡院处盖了一幢房屋，门前地势平坦，辟田园数亩，池塘一口，取名为“平园”。他写了一首诗描其景：“半亩园林数尺堂，凡花疏竹小池塘。平泉绿野休相笑，事业功名合自量。”他写家乡永和之景，更是显得亲切自然，如“郊居三池皆种莲”之句。他的一些怀旧思亲、即景咏物之作，语言平实，感情真挚，如《夜直怀永和兄弟》：“玉堂清冷夜初长，风雨萧萧忆对床。徼道传呼钟鼓密，梦魂那得到君傍。”又如《过邬子湖》诗云：“万顷湖光似镜平，蜿蜒得得导舟行。从来仕路风波恶，却是江神不世情。”

周必大为我国图书刻印事业作出了重要的贡献。70 岁的周必大从官场退休居于故里庐陵之后，醉心于刻印校勘图书。周必大回乡的第二年，就刊刻了号称“一代文宗”的庐陵先贤欧阳修的《欧阳文忠公集》153 卷，附录 5 卷。此刻本后成为定本，以精良的刻印和确切的校勘赢得后世的信赖，代代流传。刻印此书时，周必大召集了 50 余名刻工，自己亲自校勘，声势很大。此后，吉州的刻书事业兴旺起来。最负盛名的，是周必大组织刻印巨著《文苑英华》1000 卷。《文苑英华》是北宋编纂的著名四大类书之一。之后吉州便成为江西图书刻印的重要基地，在全国也有较大的影响。

7. 名师硕儒欧阳守道

【本篇导读】

位于吉安市城东北的白鹭洲，坐落在千里赣江之中，像白练中镶嵌的一片翡翠，碧水缭绕，洲上茂林修竹，沙白鸟飞，青翠幽雅，景色宜人，因洲上多栖鸟类，人们便取李白"二水中分白鹭洲"诗句的意境命名该地。1241 年，新任吉州太守江万里，见洲上幽静雅致，是个读书讲学的好地方，便决定在此创建书院，第二年，他选中了当地名儒欧阳守道任山长。

白鹭洲书院

欧阳守道（1208–1272 年），字公权，号巽斋，吉安县永和镇人。他年幼丧父，家庭生活贫困，无钱进学校读书，乃发奋自学。乡里人见他淳朴厚道，聪颖好学，便聘请他做孩子的老师。他一边教私塾，一边继续自学，不到 30 岁，就以文章行谊著称，而成为乡郡儒宗。

南宋理宗嘉熙四年（1240 年），欧阳守道参加了吉州解试，由于成绩优异，他受到太守江万里的注意。淳祐元年（1241 年）中进士。他针对当时宋王朝的弊病，在廷试对策中大胆地指出："国家成败在宰相，人才消长在台谏。昔者当国恶箴规，言者疑触迁迕，及其去位，共谓非才。或有迎合时宰，自效殷勤，亦有疾恶乖方，苟求疵类，以致忠邪不辨，黜陟无章。"奏毕，同试的人大为称赞。后来公布名次，平阳徐俨夫为第一名进士（状元）。当时徐俨夫走过去握着守道的手说："君文不在我下，吾愧出君上矣。"

进士及第后，欧阳守道初任于都县主簿，后调任赣州司户。那时江万里为了推进吉州的教化政治，正着手创办白鹭洲书院。但要办好学校，教师是关键。为此，江万里想到了在州试、廷试中都获得好成绩的欧阳守道，于是首先礼聘他为学生授讲。淳祐二年（1242 年），欧阳守道接受了江万里的聘请，回到吉州为家乡培育英才。他品行正直，学问渊博，讲课条理清晰而生动有趣，深受学生的欢迎。江万里听了他的讲课，称赞说：“岂直诸生无出其右，予固已逊之矣！”

欧阳守道像

创业艰难多。白鹭洲书院初办之时，因未聘到合适的人任山长（开始时叫堂长、学长），太守江万里便亲自主持书院的教学工作，并给学生讲课。欧阳守道执掌书院以后，发扬了江万里所开创的好学风，勇于进取，大胆开拓，把书院办得生气勃勃。湖南转运使（一作“副使”）吴子良曾经漕江西，久闻守道的大名，特地聘请他去湖南任岳麓书院山长（一作“副山长”），帮助三湘培养人才。

宝祐元年（1253 年）四月，欧阳守道来到长沙就任岳麓书院山长。据史籍记载，他在岳麓书院开坛讲学，发明孟氏正人心、承三圣之说，学者无不心悦诚服。但他不以此为满足，而是设法组建了一支有真才实学的教师队伍。那时，浏阳人欧阳仲齐正寓居长沙，守道听说他擅长经学，即登门造访，聘请他为书院讲学。仲齐讲《礼记》，旨深意趣。守道听了他讲的“天降时雨，山川出云”一章后，深有感触地说：“长沙自有仲齐，吾何为至此？”他为自己选到了贤才而高兴，并决心为贤才施展才干创造一个良好的环境。这件事给他的启发很大，使他认识到湖南并不缺乏人才，办好岳麓书院是完全有条件的，关键在于识才、用才。经过反复而慎重的考虑，并征得有关方面的同意后，他决定辞去岳麓书院的山长之职，返回吉州，继续为家乡培养人才。

岳麓书院

岳麓书院是全国四大名书院之一，创办的时间比白鹭洲书院早 265 年，著名教育家张栻、朱熹等都曾在这里讲过学，因此它有一套比较完整的教学管理方式和办学经验。1254 年底，欧阳守道把岳麓书院的办学经验带回了家乡，使白鹭洲书院进入到了一个鼎盛时期。

白鹭洲书院

白鹭洲书院是吉州的最高学府，书院不仅集合了本州各县的“俊秀”，而且外地青年也慕名而来，学生多时达数百人。当时文天祥从庐陵富川带着大山和秀水的气息来到书院深造，渴求穷理探源，为国效力。欧阳守道以父母之心关怀他的学生，对学生注重于立身、敦品、养气之教育。他教学方法民主，讲课循循善诱，使学生如坐春风。这样的书院学习生活，大大扩展了文天祥的眼界，把他带到了一个新的广阔天地。文天祥在这里学习的时间虽然还不足一年，但学业却取得了令人瞩目的提高，思想也变得更为成熟。这是令文天祥一生最难忘的一段学习生活，也是白鹭洲书院史上值得大书的一页。宝祐四年（1256 年），文天祥参加全国选拔进士考试，在殿试中一举夺魁。理宗皇帝听说“宋之瑞也”的文天祥是白鹭洲书院肄业的，且吉州这次考取了 40 名进士，名列全国前茅，非常高兴。于是特御书“白鹭洲书院”匾额以赐，还为书院题写了一副“智水仁山日日当前呈道体，礼门义路人人于此见天心”的对联，这就使得白鹭洲书院一下子扬名全国。景定三年（1262 年），刘辰翁、邓光荐等人也同中进士（这一届吉州进士 47 人），进一步扩大了白鹭洲书院的影响。从此，人们把吉州白鹭洲书院同庐山白鹿洞书院、铅山鹅湖书院并列，而成为江西古代最著名的书院之一。

白鹭洲书院后来居上，这与欧阳守道的努力是分不开的。据史籍记载，守道“所造就皆为伟人”。文天祥在《巽斋先生像赞》中也说过：“及门之徒，不将即相。”其中最著名的，当首推状元宰相、忠臣烈士、民族英雄文天祥和爱国诗（词）人刘辰翁、邓光荐等人。他们能彪炳史册，正如王补在《巽斋文集》序中所说，实守道教育之力也。文天祥自己就曾经谈到他的老师守道先生对其立身处世的影响：“后生从政，未知向风，惟先生终教之耳。”他还极力称赞这位老师“先生之风，可使懦夫立也”。正是

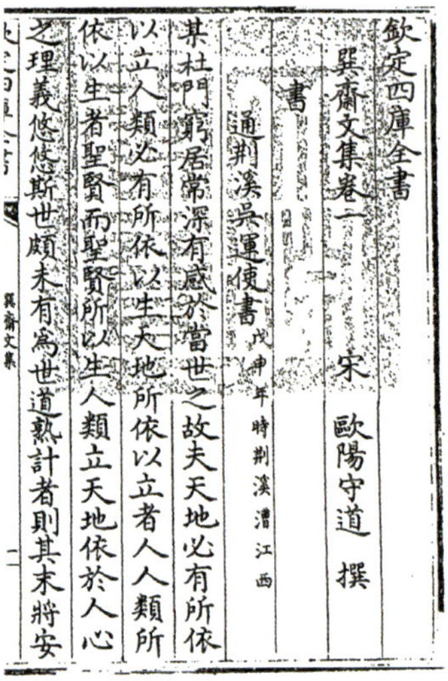

欽定四庫全書

巽齋文集卷一　　宋　歐陽守道　撰

書

通判溪吳運使書　戊申年時判溪漕江西

其杜門窮居常深有感於當世之故夫天地必有所依
以立人類必有所依以生天地所依以立者人人類所
依以生者聖賢而聖賢所以生人類立天地依於人心
之理義悠悠斯世顛末有爲世道熟計者則其末將安

《四库全书·巽斋文集》内页书影

从自己的切身体会中，文天祥把欧阳守道誉为“横经论道，一世宗师”。

作为一位教师，作为一个书院的领导者，欧阳守道在南宋那个积贫积弱的时代，办出了全国第一流的学校，培养出了国家第一流的人才，为家乡争得了崇高的荣誉，为民族作出了巨大的贡献。因而可以毫不夸张地说，他是我国古代第一流的教育家。

景定元年（1260 年），江万里入京任国子祭酒，他推荐欧阳守道为史馆检阅，召试馆职，授秘书省正字。从此，欧阳守道结束了他的书院教学生涯（但没有中断他同书院的联系，在以后的岁月中，他仍然关心着白鹭洲书院的工作，关注着白鹭洲书院的发展），而在仕宦道路上艰难地跋涉。由于他通晓古今，办事公正，深得同僚们的佩服。后来，他迁校书郎兼景宪府教授，再迁秘书郎。他关心宋室的复兴，特向朝廷建议：“欲足国裕民，必令天下臣工一洗贪黩之陋。”江万里非常赞赏他的观点，在担任丞相期间，每遇到缺讲官，必曰：“欧阳守道老儒，真讲官也。”咸淳二年（1266 年），江万里罢相，守道亦以言罢官。他徒步出钱塘门，行李只有两箧书。

咸淳三年（1267 年），欧阳守道因少傅吕文德推荐，出任通判建昌军。他为官清廉，深得民心，不久转任著作佐郎兼崇政殿说书，兼权都官郎中，再迁著作郎。但他从政十余年，不知为己谋利，弄得自家的生活非常困难，甚至不得已向学生文天祥借皇帝赐的金碗来临时抵押，换回几个糊口小钱。咸淳九年（1273 年）正月，他在病贫交加中去世，享年六十有五。去世之日，他无一钱积蓄，还是学生捐资才得以殓葬。

欧阳守道的逝世，牵动了无数人的心。丞相江万里为他撰写墓志铭，学生刘辰翁替他作行状，文天祥为之写祭文、挽词、像赞。悼念的人络绎不绝。这位杰出的教育家、白鹭洲书院的开创者和奠基者，在他弥留之际，没有给妻儿留下什么值钱的东西，却为后人留下了一笔宝贵的精神财富——《巽斋文集》27 卷、《易故》27 卷及《皇朝通鉴长编纪事本末》《经筵讲义》等著作。对于他的一生，文天祥在祭文中作了高度的评价：“先生之学，如布帛菽粟”；“先生之文，如水之源，如木之本”；“先生之心，其真如赤子”；“先生之德，其慈如父母”；“天子以为贤，缙绅以为善类，海内以为名儒，而学者以为师”。

8. 民族英雄文天祥

【本篇导读】

他，是一位“世界级”的伟人。他忠于民族和人民的高尚情操，他宁死不屈的民族气节，他辉映山河的浩然正气，超越了时代，超越了国界，七百多年来一直受到不同信仰、不同肤色的人们的敬仰和赞颂。他是中华民族的一面旗帜，感召激励无数炎黄子孙为民族的解放和独立而奋斗，他更是庐陵人民心中最伟大的英雄。

文天祥像

文天祥，字宋瑞，号文山，南宋理宗端平三年（1236 年）出生在青原区富田乡文家村。这时，南宋政权偏安一隅已有一百多年。虽然北方的少数民族政权时刻有侵吞江南的动机，边界上也常有摩擦，但南宋朝廷妥协纳贡，苟且偷安，江南内地的百姓过着还算平安的日子。文天祥的父亲文仪，博学多才，经史子集、天文地理都懂得一些，是乡间的儒者，边经营几亩薄地边开个学馆收几个学生，生活还过得去。他没有考取什么功名，把光宗耀祖的希望寄托在文天祥和文璧兄弟身上。他把书馆叫作竹居，寓意要有像竹子那样刚直、清劲的节操。他对天祥兄弟的学习要求很严，经常督促他们记诵圣贤的文章，稍有懒散，便严厉批评。后来，文天祥在怀念父亲的文章里，详述了少年苦读的经历，感谢父亲的教诲。有一年，父亲带文天祥去县里的学宫瞻仰，先贤堂里挂着庐陵几位杰出先辈的画像，有欧阳修、杨邦乂、胡铨、周必大等。父亲开导文天祥说，这是我们庐陵的伟人，后辈应见贤思齐。文天祥听了坚定地说，日后我如不像他们那样，做对国家有贡献的人，就算不得男子汉、大丈夫。70 多年后，庐陵学宫的先贤堂里，增加了一幅文天祥的画像，他年轻时的宏愿，在英勇就义 41 年后实现了。

文天祥 20 岁时，带着父亲的嘱托，进入宋代江西最有名的书院之一（吉州白鹭洲书院）求学。山长欧阳守道是德高望重的教育家，被称作“庐陵醇儒”。他提倡“求为有益于世用”，教学不拘泥于经典的诠释，“不为高谈虚语”，主张学问要经世致用。这些新的教学思想和方法，使从乡村走出来的文天祥大开眼界。尤其是欧阳守道所倡导的养气立志，奉行的孟子之言“吾善养吾浩然之气”的观点，影响了文天祥的一生。欧阳守道去世后，文天祥撰文悼念，把恩师比作父母，称他为“横经论道，一世宗师”。在严父良师的教导下，文天祥德才兼备，终成大器。宝祐四年（1256 年），21 岁的文天祥和弟弟文璧在父亲的陪同下，到京城参加进士考试，两人同登第。在殿试中，他按皇帝的命题，写下了洋洋万言的《御试对策》。他以《易经》中“天行健，君子以自强不息”的唯物观，叙述了“法天不息”之理，并针对南宋内忧外患的时弊，言辞激越地提出了安民、淑士、节财、弭寇四个问题，解决的途径是改革不息、自强不息，措施是纾民困，淳士风，节国用，重宰相，树立公道与正道之政。全文 11651 字，论理充分，结构严谨，气势非凡。考官读卷后大加赞赏，向皇帝推荐。理宗阅后，被文中所表述的内容和文采所感动，亲擢为状元。理宗还高兴地说：“此文天祥，乃宋之瑞也”，他为朝廷有如此英才而振奋。于是，文天祥就以皇帝所赐“宋瑞”为字。

文天祥塑像（白鹭洲中学内）

文天祥金榜题名，大魁天下，庐陵父老欢欣不已。可不幸的是，文天祥中状元的第四天，其父在京城患病去世，只得悲痛地送灵柩回乡，在家服丧守孝三年。这段时期，北方的蒙古为争夺大汗的位子，内乱了一阵。蒙哥任大汗后，平息了争斗，统一了思想，分三路大举南侵。最厉害的是忽必烈率领的一支军队，占领了淮河一带，准备攻下鄂州（今武昌），再顺江东下，灭南宋。此时，贾似道等权奸把持朝政，蒙蔽圣听。蒙军兵临武昌，朝廷内外一片恐慌。受宠的宦官董宋臣不建议皇帝派兵抗敌，却一再鼓噪要避敌迁都，逃到海边去。这时，文天祥服丧期已满，回京任承事郎、签书宁海军节度判官厅公事之职，听说敌人还在千里之外，董宋臣就劝皇帝逃跑，认为是奇耻大辱。当时，委任书未下，文天祥还没上任，就以“进士及第”身份，上《己未上皇帝书》，文中直指董宋臣的罪行，说他们是祸国殃民的小人，应该处斩，要求皇帝坚定抗敌的信心，并提出了强兵御敌的对策。然而，文天祥的一腔爱国激情却迎来一头冷水，他的奏折被贾似道扣下不报皇上，理想无法实现，还与权奸结下了冤仇，遣他出知瑞州。他想方设法让人民休养生息，重建家园，恢复经济。不到一年，瑞州的面貌大变。不久，他任江西提刑，又改任知宁国府，提刑湖南，处处都是为民请命，有口皆碑。咸淳六年（1270 年），曾任吉州太守的江万里任左丞相后，召文天祥兼直学士院。贾似道当时在朝廷专横跋扈，故托辞职，要挟君主，屡次要皇帝出面来挽留，以显示自己的权威。有一次，贾似道故技重演，心想皇上一定如以往说一通好话求他留任。这次皇上命文天祥代拟诏书。文天祥不仅没对他恭维半句，而且严加指责。贾似道知是文天祥起草的，记恨在心，挑动“爪牙”弹劾文天祥，并免了他的职。在朝廷任期不到一年就罢了官的文天祥回到家乡富田，隐居三年后才任赣州太守。

文天祥高中状元

德祐元年（1275 年），元兵大举南侵，进逼京城临安。南宋政权不思抵抗，一味妥协退让。直到兵临城下，宋太后才迫不得已下《哀痛诏》，要求各地发兵救君主于“危急之机”。文天祥在赣州接诏书后心情十分沉痛。他知道起兵面临重重困难，却义无反顾变卖自己的家产充作军饷，撑起勤王的大旗。在他的召唤下，赣州、吉州等地民众踊跃捐资和参军，很快就募集了数万义军。勤王军浩荡北上，可朝中宰相陈宜中等

文天祥起兵勤王

人还幻想能靠妥协退让偷生，不让文天祥的部队进驻临安，竟然下令他们在吉州待命几个月，以致错过了战机，勤王义兵无用武之地。等到陈宜中见势不妙，令文天祥的部队赶往京城时，元兵前锋已逼近临安几十里的地方了。朝廷内外一片恐慌，陈宜中等大臣连夜逃窜，在朝的官员所剩无几。在朝廷危亡之际，文天祥被任命为右丞相兼枢密使，都督诸路军马，担当挽国家之倒悬的重任。第二天，他就率员赴敌营谈判。他明知不可为却毅然为之，显示出凛然的英雄气概。到距临安30多里的皋亭山，见到元军统帅伯颜时说："如果你们不是为了灭宋，我们可以谈条件，否则，我们一定奉陪到底，大宋还有大片的国土，军民同仇敌忾，真要打，还不一定谁胜谁负！"伯颜原以为文天祥是来谈投降的，却没料到他竟是这种态度，就把他软禁在营中。可是，第二天文天祥见伯颜时，正在谈双方的得失，吴坚、贾余庆却受南宋皇后之命带着玉玺和降表来投降称臣。文天祥怎么也没料到是这样的结局，他悲愤至极。伯颜说，宋皇都已投降了，你还有什么理由不屈服呢？文天祥大义凛然地表示：社稷为重君为轻，君降臣不降。伯颜恼羞成怒，把文天祥和贾余庆等"祈请使"一同押往北方，去向主子请功。沿途文天祥和他的部属制订了周密的逃脱方案，终于在镇江机智逃脱，一路上险境迭出。他们历经艰辛躲过追捕，"不指南方不肯休"，九死一生，终于到了福州，见到了新立的小皇帝端宗。流亡政权又任命文天祥为右丞相。但朝中仍是陈宜中等把持，文天祥不愿与他们共事，便辞相位，以枢密使、都督诸路军马的名义聚兵抗元。文天祥振臂一呼，各地闻风而动，会集在他的旗帜下，重新组建了一支抗元大军。他们在汀州、龙岩等地积极备战，从广东梅州攻入江西，连克会昌、于都、兴国三县，士气大振。各路义军会师兴国，再分攻赣、吉诸县，连连取胜，极大地鼓舞了东南各地人民奋起抗元的斗志。赣东北豪杰纷纷响应，两湖、闽粤也有不少州县起义抗元，并号令通及江淮，一时抗战之势风起云涌，东南半壁江山又落宋室。文天祥正准备攻打赣州城，元朝调集了十多万精兵增援江西，对义军进行重点围剿。

文天祥被俘

而此时的南宋小朝廷，只一味地往东南沿海逃跑，福建许多州县被元兵攻陷，使江西失去了后援。在赣西南的大山里，义军寡不敌众，钟步之战失利；永丰空坑一仗，更是激烈异常，义军损失惨重，许多将士牺牲或被俘，文天祥的妻子儿女也被俘了。在敌人追击的危急关头，将军赵时赏化装成文天祥招引元兵，才使文天祥脱险。

空坑战败，义军元气大伤，又不幸兵士染上了瘟疫，战斗力衰落。文天祥收拾残部，退到广东休整，保存实力以图发展。这时，南宋小朝廷逃到了广东的新会，文天祥派人要求去朝见，遭到拒绝。文天祥的部队驻扎在潮阳，原部将邹凤、刘子俊率兵赶来会合。他们打算重返江西，摆脱困境。当部队走到海丰五坡岭时，元军张弘范部得到情报，在海盗陈懿的引带下突袭义军，文天祥等来不及抵抗，便全部被捕。文天祥绝望了，吞下冰片自尽，然而自杀不成被执。张弘范见捉住了文天祥，十分高兴，把他押往崖山。此时，宋将张世杰正在崖山指挥水军和元军决一死战。张弘范要文天祥写封信给张世杰，说大势已去，不如投降。文天祥

海丰五坡岭方饭亭被执处

听后愤然答道，我不能救父母，难道还会劝别人去背叛父母吗？说完，把《过零丁洋》一诗甩给张弘范。诗中最后两句“人生自古谁无死，留取丹心照汗青”表明了文天祥的态度，张弘范见了也不由得钦佩。崖山海战宋军大败，陆秀夫背着小皇帝跳海自尽，南宋彻底灭亡了。文天祥目睹了战败的惨状，数万宋军葬身大海，他悲愤已极。

文天祥等人被元兵押送北上，一开始，他就作好了自尽的准备，因为国已亡，臣还有什么价值存在世上呢？正如他在诗中所言：“以身殉道不苟生，道在光明照千古。”他被押住过了梅关，转走赣江水路。一上船，他就开始绝食，到故乡庐陵时就可魂归故里了。可是饿了好几天，船顺风行使较快，过了吉州到了丰城，还未饿死。他想，求死不成，就活着与敌人斗争到底。好在同行的有故乡好友、在崖山跳海又被元军钩上来的邓光荐，两人一路上用诗唱和明志。从广东到大都京城，走了5个多月。文天祥关押在监牢里，整整受了三年的煎熬。开始，元朝统治者对他进行利诱威逼，企图劝降。他们派宋朝的状元宰相、汉奸留梦炎来劝天祥降元，被骂得无地自容；又把那个九岁的小皇帝“德祐君”抬了出来，想必忠君的文天祥会屈服的。谁料到文天祥一见小皇帝，就口呼“圣上”，北面泣拜，请他回到南方去。小皇帝见状无法按大人教的话劝天祥，只得退回。元朝还企图利用文天祥的亲情来打动他的心，派已降元的胞弟文璧送去钱物，文天祥视之为“逆物”不接受，还责怪了弟弟一番。元朝无计可施，便由丞相孛罗亲自拷问，强令文天祥跪下。文天祥说，我是南方丞相见你北方丞相，你有什么资格受我跪拜？我文天祥只忠于宋朝，宋亡只求速死，要下跪是绝不可能的。孛罗无奈，问了为什么另立新君弃原主等问题，说文天祥并不是忠臣，是篡位。文天祥答道，德祐皇帝投降失国，我立新君，是为了社稷，我只是忠于祖国。孛罗见拷问没什么效果，根本动摇不了他的信念，就在生活上给以磨难，以消耗他的意志。文天祥囚于阴暗潮湿、秽气四溢的牢房里，身体受到了摧残，但他仍以非凡的毅力坚持斗争。他在狱中写了许多诗，还记载了一生中的几次历险，经坚持三年给他送饭的义士张千载传到狱外，被人们珍藏，为后人留下了宝贵的文学遗产。在将近两年的时间，元朝因文天祥不降，失去了信心，只是以漫长的艰难日子来折磨他。文天祥把狱中充斥的邪恶之气归结为七气：水气、土气、日气、火气、米气、人气、秽气，七气日日侵扰，致使身体非常孱弱，但并未得病死去，意志也未消磨，这是什么原因呢？他认为，因为精神仍存，这就是孟子所说的“吾善养吾浩然之气”，是一种天地间的正气。有了这种正气，就可以敌种种邪气，就可以受种种挫折而不变节。于是，文天祥满怀激情写下了那篇气壮山河、千古不朽的《正气歌》，集中表现了他的英雄气概和宁死不屈的崇

文天祥纪念馆内景

高气节。这首诗，是中华民族魂的精髓，成为鼓舞千秋万代的正气之歌。

元世祖忽必烈对文天祥既仇视，又敬重他的人格，在百般无奈下，只有亲自来劝说文天祥了。他说："宋朝早已灭亡，你做臣子的也算尽忠尽职了。你如以忠于宋室的心来忠于我，那么我可以让你当元朝的宰相。"文天祥坚定地回答："我是大宋的状元宰相，宋亡，只求死，不可生。"忽必烈终于无计可施，听从麦术丁等人的意见，下令处决。元至元十九年十二月初九（1283 年 1 月 9 日），元大都朔风呼啸，雪雾弥漫，黑云压城。文天祥被押往菜市口刑场。几万市民纷纷聚集在通往刑场的街上，挥泪送行。文天祥神态自若，登上了刑台，他问刽子手哪是南方，便正襟向南拜了三拜，叹道："我报国到此了！"47 岁的民族英雄文天祥，与祖国永别了。

文天祥就义后，人们在全国各地陆续修建了纪念祠、堂、庙，从北京到广东，从福建到台湾，都把他当作神圣供奉，他的故乡吉安县（现属青原区）更是建墓修馆，屡次开展纪念活动。文天祥的精神与浩然正气，与山河同在，与日月同辉。

9. 爱国词人刘辰翁

【本篇导读】

游国恩等主编的《中国文学史》一书中说："到了南宋政权覆亡前后，由于民族矛盾的尖锐，辛弃疾、刘克庆的词风在……刘辰翁等词里得到继承，而以刘辰翁的成就为较高。"中华人民共和国成立后出版的《宋词一百首》中，也选了刘辰翁的词作。可见，刘辰翁是一位在我国文学史上有一定地位和知名度的诗人。

刘辰翁像

刘辰翁，字会孟，别号须溪，庐陵灌溪（今江西省吉安市吉安县梅塘乡小灌村）人。他出身书香门第，是庐陵文人中的佼佼者。10 岁时父亲早逝，由母亲抚养成长。他从小便刻苦求学，以期博取功名。他在乡下的私塾饱读诗书，可仍不满足，遂前往吉州太守江万里创办的白鹭洲书院求学。当时，任书院山长的是称作"庐陵醇儒"的大学问家、教育家欧阳守道。他十分注重培养学生的爱国爱民思想,特别强调养气和立志。所谓"气"，就是孟子所说的浩然正气；所谓"志"，就是为国为民，威武不屈，富贵不淫，贫贱不移。文天祥就是他的得意门生。刘辰翁忧国忧民思想感情的形成，得益于欧阳守道。而书院所倡导的"求为有益于世用，而不为高谈虚语，以自标榜于一时"的学风，使刘辰翁在科举考试中能切中时弊，不发空论。也正因为如此，他遭受了冷落。南宋理宗宝祐六年（1258 年），27 岁的刘辰翁参加进士考试，在写"严君子朋党之论"的对策中，抱着振兴宋室江山的愿望，对偏安一隅的南宋小朝廷提出了用良才之策，对祸国殃民之徒要惩治，锋芒直指奸臣贾似道之流。评卷官阅后很受感动，"惊置首选"，把他排在第一位，可是主考官员认为言词过于激烈，涉嫌诽谤朝廷，便把他删了下去。两年后，原吉州太守江万里任国子祭酒，才使刘辰翁得补太学生，到临安任了一段时间的职。又过了两年，刘辰翁再次参加进士考试被录取。他在廷对时谈到“忠良戕害可伤，风节不竞可憾”，考官听了很不顺耳，认为有谴责贾似道之意，将其列为丙等。刘辰翁认为有如此奸相当道，无法施展才华，也不能与他同在朝廷为官。于是，中了进士并没有感到荣耀，他以母亲年老需照顾为由，向朝廷请求回乡尽孝。刚好，家乡的濂溪书院正缺名士领衔，刘辰翁便任书院山长，为培养家乡的后一代尽力。这时的他已是远近闻名的文人，邻近的学子慕名而来。他继承了白鹭洲书院的办学宗旨和师长欧阳守道的治学育人思想，把书院办得红红火火，在庐陵有了一定的名气。由此,也推动了家乡灌溪良好学风的形成。明清两代科举考试，仅他生长的小灌村，一个不足百户的村庄，就有 17 人考中进士，这种现象在较为偏远的乡村是罕见的。这与刘辰翁热心于家乡的教育事业是分不开的。

刘辰翁返乡意境图

在吉州任过太守的江万里，对刘辰翁十分器重，多次举荐刘辰翁任职，他的仕宦生涯随江万里的升降而变化。恭帝德祐元年（1275 年）五月，任丞相的陈宜中与刘辰翁是同榜进士，举荐他为史馆检讨，刘辰翁谢辞不去。同年十月，朝廷下召要刘辰翁任太学博士，刘辰翁无法推却，打算前往，可是这时元军已截断了江西通往临安的道路，朝廷已岌岌可危，刘辰翁只得困在乡里。第二年，元兵占领临安，南宋实际已亡。元朝统治者开始注重起用汉人，尤其是有名望者，几次征召刘辰翁为官，他坚决不仕。刘辰翁在后半生近 20 年的时间里，一直过着隐居的生活，致力于写作和评点古文。

刘辰翁生长在南宋末年内忧外患、灾难深重的社会中，使他报效国家的壮志无法实现，尤其是他走上了时断时续的仕途之后，加深了对小朝廷腐朽软弱现象的认识，对国家和民族命运的深深担忧，对贫困大众的同情。宋朝灭亡后，他更是悲痛欲绝，以自己的笔，满怀激情地抒发了对故国的深切眷恋和怀念。最突出的表现，就是他每遇时节必作词以述怀，这在古代亡国时期的文人中是极罕见的。他写了大量的元夕、三月三、端午、七夕、中秋、重阳、除夕等节日的作品，怀旧伤今，反复哀叹，字字悲苦，读后催人泪下。如“笛里番腔，街头戏鼓，不是歌声。那堪独坐青灯！想故园，高台明月。辇下风光，山中岁月，海上心情”（《柳梢青·春感》）等词句，把哀悼故国的感情，淋漓尽致地发挥出来。

刘辰翁创作了大量的诗文，给中国文学史增添了厚重的篇章，为后人留下了珍贵的文化遗产。其后人将刘辰翁的作品辑为《须溪集》100卷，可惜后来多数散佚。《四库全书》中收集了一部分，加上其他地方集拢的作品，至今保留了诗文812篇，其中词358首。据考证，这些作品不及最早文集的十分之一。他的诗词在思想内容上，以杜甫“诗史”为榜样，“以词存史”，真实地记录了宋亡前后民族和人民的命运，以现实主义精神抒发忧国忧民的情感。如写江南沦陷，词人眼中的江南没有春天，“我怨佳人。憔悴江南不似春”（《减字木兰花·有感》），以艺术形象反映现实，怨天道不公，使国遭难、民遭殃，这是对统治者的声讨和对侵略者的控诉。他还在词中直书权奸的劣迹。如《六州歌头》一词，所述的就是贾似道督师太平州鲁港，不见敌军而鸣锣收兵的丑闻。他写的许多感伤故国的词，词情激楚苍凉，富有强烈的感染力，又不仅仅是怨抑凄凉，悲观无望。他“恨不减二三十岁”，去疆场拼杀，为国效力。在写作风格上，他属于苏东坡、辛弃疾的豪放派，清越疏隽，雄浑豪健，文学史界认为他是宋末元初苏、辛的继承人之一，对元、明两代的词创作产生了很大的影响。刘辰翁还是一个著名的文学批评家。他学识渊博，眼光敏锐，所评论、所鉴赏的多为晋唐名家大作，见解精妙，对后人启发很大，如点评的《班马异同评》35卷、《批点选注杜工部》22卷等。他的词学批评思想，在中国文学批评史上一直占有一席之地。

《刘辰翁词校注》书影

10. 五朝重臣杨士奇

【本篇导读】

1365 年 12 月出生于泰和秀溪的杨士奇，从 35 岁起步入仕途，辅佐明代建文、永乐、仁宗、宣宗、英宗五个皇帝，从侍读、礼部侍郎、华盖殿大学士、少保、少傅、兵部尚书到光禄大夫，直至内阁要员，从政 40 多年，均受皇帝信任和重爱，是明代政治舞台上在内阁时间最长的一位，也是庐陵有史以来在朝廷中历时最久、最有地位和影响力的人物。他不仅对当时社会的稳定作出了一定的贡献，而且对故乡一直较为关照，培养和提拔了一批庐陵籍学士和官员，增添了几分庐陵文化的光彩。

杨士奇像

杨士奇没有经过科举考试取得功名，而是凭自己的才学和胆识，从一个贫寒的学士到成为显赫的朝廷重臣，可见他的确具有过人之处。饱学的他年轻时一直靠教书糊口，直到 33 岁才时来运转。洪武三十一年（1398 年），朱元璋病逝，继位的是皇太孙，还只十六岁。按辅臣的建议，诏令各地征召儒士、学者为国理政。杨士奇正在武汉教书，通晓经史大义，博学多才，经翰林修撰王叔英推荐，召入翰林院。由吏部对招来的儒士进行考核，杨士奇对所提之问，对答周全，所谈治国理政要略，宏微兼顾，非同一般，被评为第一，授吴王府审理副职，仍在史馆工作。明成祖朱棣登基后，升任编修，入内阁预机务，几个月后又升为侍读，准备随时为皇帝讲论文史。永乐四年（1406 年），杨士奇进左谕德，职责是为太子讲读经史，代拟奏请笺启等事。

杨士奇深知皇宫的禁忌，处事谨慎周密，细致入微。他闲暇时闭门读书，在家里绝不谈朝廷的事，皇宫的事情即使是至亲厚戚，也不让他们知道。在皇帝面前，他的举止言谈谦逊恭敬，对答顺当，公正而无偏颇。他对太子的教谕很是严格，用正统的儒家思想灌输治国理民之术，凡出言有据，以古为证，倍受皇上和太子的赞赏。成祖领兵北征，回京时，听信二子高煦的谗言，说太子迎驾迟缓，怠慢父皇，有失孝敬。成祖因此发难，把东宫辅佐官员逮捕入狱，召杨士奇详问太子的表现。杨士奇说，太子一贯孝顺，始终如一。这次迎驾迟缓，全是我们的罪过，与太子无关。成祖听了才宽了心。永乐十四年（1416 年），成祖回南京，听说高煦有夺太子位的不轨行为，询问府中的人不敢回答，问杨士奇，他说，汉王高煦对皇上两次派遣就藩王之位，都不肯去，现在已决定迁都北京，他又请求留守南京，其意如何，请皇上明察。成祖听了默然沉思。过了几天，成祖掌握实情，了解到高煦私选健士，募兵三千，企图夺太子位，便削去高煦的王位。在这场宫廷斗争中，杨士奇固守正统大义，维护了太子的地位。

仁宗朱高炽即位，擢杨士奇为礼部侍郎兼华盖殿大学士，仁宗临朝处事，常同杨士奇预先商量。作为内阁大臣，杨士奇以国家安定和人民利益为重，向皇帝提出了许多好的建议。仁宗登基不久，有人上书力主歌颂太平盛世，仁宗让群臣发表意见。大家都认为当今四海升平，值得庆贺，杨士奇不赞成。他说，虽然陛下恩泽普及天下，但因多年用兵，不少百姓流浪，战争创伤还未恢复，需休养生息几年才可能过太平日子。仁宗很同意这一观点，还对大臣们说，我对你们以诚相待，希望纠正我的失误，但只有士奇给我五次奏章，指出时弊，而你们都没有一句话，难道朝政无问题，天下已经太平了吗？说得大臣们羞愧不已。仁宗当了十个月的皇帝就去世了，宣宗登基。当时，很多地方屡遭水旱灾害，杨士奇主张实行宽恤厚爱的政策，多次奏请皇帝下诏恤民，救民于水火，如免除百姓拖欠的赋税，降低官田租额，清理冤假积案，裁汰劳苦工役等。这些经宣宗批准的仁德之举下达后，杨士奇还特别注意检查督促实施的情况，对那些违背诏令者从严治罪。他还向宣宗建议安抚逃荒外徙的难民，组织耕种，发展生产；细查官吏，惩治贪污受贿；推举文武人才，承担治国安邦之责。这些有利的奏议，有效地推动了宣宗励精图治，勤于朝政，理国安民。在十年不到的时间里，人民得到了一定的休养生息，社会经济得到了一定的发展。所谓明代的“仁宣之治”、“海内号为治平”，同杨士奇的倾心辅佐二君是密切相关的。九岁的英宗继任皇位后，一切军政大事先由杨士奇、杨荣和杨溥商定后裁决。在这种称之为“三杨辅政”的内阁中，杨士奇为大臣们所倚重。他在古稀之年还继续为朝廷大事操劳不止，为巩固皇权而苦心尽力。他提出要加强军伍士卒的训练，要求各边陲从严做好防备，以防意外的侵扰；同时增设南京参赞机务大臣，分别派遣文武官员镇抚江西、湖广、河南、山东，加强对南边

杨士奇“与国咸休”牌坊

诸省的控制；他还报请免除重租高税，谨慎认真地处理刑狱事宜，从多方面稳定局势。小皇帝在杨士奇等人的辅佐下，地位才逐渐得到巩固。不久，杨荣病逝，杨溥也年迈体弱，太皇太后去世，太监王振乘机揽权。杨士奇支撑了一阵，终积劳成疾而逝，享年八十。

杨士奇在内阁辅政多年，严于律己，清正廉洁，留下了许多佳话。他在京城为官几十年，妻子却在家乡躬勤家业，耕作于田间。妻子死后，他十分悲痛，因公务在身，未能回乡安葬亡妻，只买一块石板刻上碑文寄回。61 岁时，仁宗皇帝准备派人去他家乡盖座公宅，并赐给腴田 200 亩，杨士奇都婉言谢绝。宣德六年（1431 年）七月，宣宗皇帝去杨士奇的住所看望，见他的居室很破旧，说要为他修理，杨士奇也辞掉了；九月，宣宗把东华门外的一座庭院赐予他，他却分出一半与别人同住。洪熙元年（1425 年）正月，朝廷任命杨士奇兼礼部尚书，不久，改兼兵部尚书。对于这样显赫的高官，杨士奇不愿接受，他说，我任少傅、大学士之职已超过了能力所限，尚书的职位更不敢当。杨士奇能在皇宫里从政这么多年，辅佐几位皇帝，这跟他处事谨慎、洁身自好是有一定关系的。

11. 理财名臣周忱

【本篇导读】

他，以善理财赋著称，他所倡导的田赋征收与徭役支出混合使用的办法，开了赋役合征的先河，在明代赋役制度的改革中具有开创意义。他所提倡的赋税之法，利国利民。晚年虽致仕归乡，所任之地的百姓们仍然对他称颂不已。《明史·周忱传》云："终忱在任，江南数大郡，小民不知凶荒，两税未尝逋负，忱之力也。"

周忱像

周忱（1381–1453 年），字恂如，号双崖，吉州区长塘镇山前村人，明代著名的经济管理名臣。永乐二年（1404 年）二甲第十名进士，并选庶吉士，进文渊阁，参与《永乐大典》和《四书五经性理大全》的编撰工作。

周忱"有经世才"，但在郎署沉浮了二十年，朝中没有人赏识他，惟有太师夏元吉认为他是个奇才。宣德初年，有人推荐周忱做郡守，夏元吉说："此常调也，安足尽周君？"

宣德五年（1430 年）九月，宣宗认为，天下财富，多年未理，江南最甚，仅苏州一郡，欠粮近八百万石。原来吴地是张士诚的天下，朱元璋于建国前（1367 年）剿灭他，但吴地人竟然偷偷立私庙祭奠张士诚。朱元璋震怒了，他定下了极为苛刻的惩戒：江南不论官田民田，世代承担苛刻重税。江南重税，是其他地方的几倍甚至几十倍。此时，宣宗"思得才力重臣往厘之"。在大学士杨士奇、杨荣的举荐下，周忱任工部右侍郎，巡抚江南各府，总督江南税粮。

周忱一上任，有人给他取了一个绰号"周白地"，讽刺他所管辖的地方是一片荒地。

但他并不生气，还满怀信心地笑着说："今年呼我周白地，明年教汝米铺地。"

为了摸清情况，周忱独自一人，到处巡访，一路上，人烟稀少，土地荒芜，伛偻提携，乞讨逃难。原来是赋税太重，每年除交粮赋外，还额外交给粮长几百斤谷子。粮赋运费损耗，有权有势的大户人家不肯交，粮长就摊派到百姓身上。百姓负担不起，只能逃往外地谋生，田园撂荒，无人耕种。久而久之，粮赋越欠越多。有些地方，没有粮仓，粮长把收来的谷子，堆在自己家里，大斗进，小斗出，加重了百姓的负担。

周忱故居

了解情况后，周忱果断采取对策。一是实行平米法，对富豪、平民的土地，平均加上运费损耗，"令出耗必均"。二是奏请工部，统一铸造铁斗，发往各地，作为收粮标准器具，收粮时，派官员监督，防粮长之大入小出贪污。三是将官田粮赋，从二百六十二万石减少到七十二万石，极大地减轻了百姓负担，让百姓不再去逃难。四是改革运粮办法，他和漕运总督商定，江南税粮由漕军运送，耗米节省大半。五是把旧粮长正副三人精简到正副各一人，既减轻了百姓负担，又防止了粮长的贪污。六是改革官员俸禄发放，原是凭工资条领米，再兑银子，现官田直接缴银，当俸禄发给官员，结果是"民出少而官俸足"。

六项举措实施，使苏州第二年获得了大丰收，"周白地"果然变成"米铺地"。周忱因此功擢户部尚书，后改任工部尚书，仍然巡视江南。山前故居门前有"天帝五朝眷宠，尚书两部户工"楹联（历建文帝、永乐帝、仁宗、宣宗、英宗四十年）。

"其治以爱民为本。"丰收不忘灾年。宣德七年（1432 年），苏州一带粮食大丰收。周忱下令，各地平价收购粮食，以防荒年，仅苏州就收到大米二十九万石，还收集大米七十万石建立"济农仓"。对遇天灾人祸的或家庭生活困难的农民给予救济，对参加兴修水利的民工予以补偿。这些举措，深受百姓欢迎，外出逃难的百姓，不断返回家中，农业生产又轰轰烈烈干起来了。

"性机警，钱谷巨万，一屈指无遗算。"他有天天写日记的习惯，把每天做的事情都

周忱“惠泽江东”

记下来。一次，周忱派人去送粮赋，过了几天，那人跑回来说，这次送粮赋，过长江正遇到大风，粮赋全部翻到江里去了。周忱打开记事本，上面写道：“今天晴天，阳光和煦，风平浪静。”周忱对那人说，那天江面无风，怎么会翻船呢？那人十分恐惧，如实招了。原来他们把粮赋高价卖给百姓，私分了赃款。周忱查明事实，追回了赃款，惩罚了送粮赋的人。

“然当时理财者，无出忱右。”景泰元年（1450 年），周忱被人弹劾，代宗“命李敏代之”，并告诫他，不要轻易周忱的办法，但粮食贮备越来越少，后来苏州一带发生特大饥荒，道路上饿死的人到处都是，逃难的百姓和原来一样，“民益思忱不已，即生祠处处祀之”。

周忱的祖父迁居到吉水醪桥鹳薮村，他致仕后迁回祖居地庐陵山前村居住，在双崖岭建草斋读书。景泰四年（1453 年）十月，殁于山前，谥号“文襄”，葬在村子东面，墓地四周草地里，散立着许多石俑、石马、石羊等。分宜严嵩《过周襄公墓下》云：“尚书旧里说山前，松柏阴阴有墓田。何止乡邦崇盛烈，吴人碑碣更林然。”不只是家乡人敬仰周忱，享其恩泽的苏州人，更是世世代代祭奠不已。

【拓展阅读】

周忱纳言

江南田赋重，赋税拖欠，百姓生活艰难。周忱一来到江南，并没有高坐公堂，纸上谈兵，而是立刻深入民间，调查研究。他为人和善，言谈举止也彬彬有礼，并没有一些官员那种高高在上的脾气。他亲身走访乡中村民，详细了解赋税拖欠等问题所在，向农夫村妇详细询问最感痛苦的事情是什么，原因在哪里，希望如何处置。时间长了，百姓有什么心里话都愿意向他倾诉，彼此相处如家人父子。他对下级也比较宽和，有好多事情主动同他们商量，向他们请教。对有才干的官员，则放手提拔任用。如苏州知府况钟、松江知府赵豫、常州知府莫愚都成为他得力的左膀右臂，共同促成了江南的经济改革。

12. 江南才子解缙

本篇导读

解缙是中国历史上有名的才子，民间流传着许多关于他的传说和故事。其实，有的是借解缙之名编造而成。历史上真实的解缙，是明朝卓有建树的重臣，是学识过人的才子，是庐陵人引以为自豪的先贤。

解缙像

明朝洪武二年（1369 年）出生于吉水鉴湖的解缙，据史料记载，自幼聪明绝伦，还是婴儿时，母亲抱着他在地上画个字教他认，居然能一见不忘；5 岁时，父亲教他读书，也是很快就能背诵，7 岁时就会赋诗对句，到了十二三岁，四书五经已是烂熟了，真是罕见的神童。19 岁时，解缙参加江西乡试，名列榜首，次年参加京城会试为第 7 名，廷试时与兄解纶同时考取进士，选为庶吉士，读中秘书，在朝廷任职。

解缙学识渊博，才华横溢，更为可贵的是，为人耿直，刚正不阿，不畏权贵。明太祖朱元璋开始很喜爱年少才俊的解缙，叫他经常在左右应召。他应制的《春雨诗》《养鹤赋》等，文笔生动，造语奇崛，朱元璋读了很感兴趣。燕王朱棣南下夺取皇权后，提升解缙为侍读，与黄淮、杨士奇、胡广、杨荣等人进文渊阁参预机务。解缙由于办事干练，文笔敏捷，为人机警，很受成祖宠爱。不久，解缙提拔为翰林学士兼右春坊大学士。成祖对他十分信任，曾对大臣们说，天下不可一日无我，我则不可一日少解缙，还赐给他金绮衣。当时，朝廷的诏敕与大制作，大多出自解缙的手笔。此外，他还奉命总裁《太祖实录》和《古今列女传》，主持纂修了《永乐大典》。这段时期，是解缙仕途最得意之时。皇帝的宠爱改变不了解缙坚持正义的气节，他一如既往地诤谏敢言，毫不掩饰自己的观点。成祖曾把朝廷大臣的名单给他，命他评定长短。解缙出于公心，毫不夹杂个人恩怨和偏见，客观公正地评论这些大臣的优缺点，却因此得罪了一些大臣。解缙的才华和胆识，引起了部分大臣的嫉妒，有人说他太狂妄，有人说他品行不端。成祖对他也有些戒备猜疑了。在建储的问题上，成祖想立次子高煦为太子，解缙认为不合礼仪，予以反对，坚持立高炽为太子。高煦为此深恨解缙，一大批皇亲国戚也对他不满，于是找借口攻击陷害。永乐五年（1407 年），以泄露朝廷秘密、廷试阅卷不公等罪名，把解缙贬为广西布政司右参议，不久又改谪交趾（今越南），督饷化州。三年后，解缙入京奏事，正遇成祖北征未归，不在京师，拜见了太子高炽就返回。高煦抓住这件事大做文章，上奏成祖，说解缙特意在皇上外出的时候私自去见太子，违背了人臣之礼。成祖感到气愤。当时，解缙已往广东，在路上见赣江两岸旱情严重，便上疏请求引水灌田。成祖见了更不高兴，觉得解缙真是不识时务，便下令将解缙逮捕入狱。他在狱中 6 年，受尽折磨。永乐十三年（1415 年）正月，原被解缙所厌恶的锦衣卫帅纪纲，怕解缙出狱于己不利，便假意祝贺解缙即将出狱，劝他喝醉酒，把他活埋在雪中冻死。47 岁的解缙冤死后，家中的财产被没收，妻儿和宗族流放到辽东。直到高煦发动叛乱被诛后，解缙的冤案才得以平反昭雪。一位学识超群的才子，因为秉性刚烈，疾恶如仇，而为奸臣恶吏所不容，惨遭迫害而早逝。

江南才子解缙，在中国文化史上，最值得传诵的业绩是他亲自主持编修了《永乐大典》。早在朱元璋身边应召时，解缙见太祖喜欢阅读刘向的《说苑》、阴时夫的《韵府群玉》，表示愿意邀人修纂一部上溯历朝、下及各界的新的类书。朱元璋表示赞同，但可惜没有动工。15 年后，成祖夺了皇位，但他觉得光靠武力守江山不行，还得繁荣文化，凝聚人心。他命翰林学士解缙主持编撰一部大型类书，以炫耀其文治，也可笼络一下文人。他要求此书须收集有史以来的文史资料，不必担心繁多。解缙受命后立即着手组建机构，物色人员，拟定计划、体例。他制订了凡例 21 条，聘用编纂人 147 人，经一年多的努力，在永乐二年（1404 年）十二月编成，名为《文献大成》。成祖看后，觉得过于简略，还需扩充内容，于是命太子少师姚广孝、礼部尚书郑赐等人协助解缙工作，又征召了 2169 人参加编辑、校订、录写、绘图、圈点等。总编辑处设在文渊阁，解缙主持日常事务。

全书以《洪武正韵》为纲，采取“用韵以统字，用字以系事”的编辑方法，按韵、按字分类汇辑与这个字有关的天文、地理、人事、名物以及诗文词典等各项文字资料。所辑的史料按原书整篇整部抄入。辑入的图书有七八千种，其中包括经、史、子、集、

《永乐大典之第一万二百七十卷》书影

释藏、道经、北剧、志戏、平话、医工技、农艺、志乘等各类著作，上自先秦，下达明初，包罗万象，内容极为丰富。经3年完工，成祖审阅后很满意，并亲自作序，赞扬此书“上自古初，迄于当世，旁搜博采，汇聚群书，著为奥典”，正式定名为《永乐大典》。于是向全国征集了一大批书法精良的文人抄写，抄了一年才全部完成。全书正文22877卷，凡例与目录60卷，分装成11095册，共计3亿7千万字左右。这部巨著不但辑有儒家的经史典籍，而且收入了大量的科技著作和民间通俗文艺作品和佛、道经书，我国明初以前的许多古籍，就是因为此书的辑录而保存了本来面目。在保存中国古代文献，积累人类文化科学知识方面，《永乐大典》作出了巨大贡献。作为自始至终主持这一浩大工程的解缙，真可谓鞠躬尽瘁，倾注了大量的心血，他不仅是人才选用、体制规划、材料取舍、编纂方法的制订者和决策者，还要参与具体的事务协调和管理工作，细心而周到地关注每一环节，是《永乐大典》编纂的功臣。此书比18世纪中叶出版的《百科全书》和《大英百科全书》都要早300多年，在世界文化史上，被誉为编纂得最早、规模大、内容最广的百科全书。

13. 王学掌门邹守益

【本篇导读】

他是著名理学家、教育家，一生尤其重视教育，崇尚简易明白、朴实无华、直指本心。他认为，教育是人后天赖以长进的最根本途径。他天资纯粹，在家日日讲学，四方来听讲的人络绎不绝，世称东廓先生。

邹守益像

江西在古代又称“江右”，“王学”是浙江余姚人王守仁在明代中后期建立的“心学”理论体系。他号阳明，也称“阳明心学”。“江右王学”指的是以江西人为主的传承弘扬王阳明心学的学术派别。阳明心学是儒学的新发展，在明代中后期与程朱理学相抗衡，成为一大显学，曾居思想学术界的主导地位，影响十分深远，以致“科试文字大半剽窃王氏门人之言，阴诋程朱”（《日知录》卷十八《举业》）。王阳明于明正德五年（1510 年）任庐陵知县，在赣州南昌任过职，在江西生活多年，也是其思想理论形成和传播的重要阶段，江西有一大批追随者，称作“江右王门”。黄宗羲在《明儒学案》中，记录了江右王门的代表人物 30 多名，其中吉安府就有 22 名，其掌门人就是邹守益。

邹守益（1491–1562 年），字谦之，号东廓。家居安福县城以北 10 多公里处的山庄乡新背村旁。17 岁参加江西乡试中举。正德六年（1511 年），20 岁的他参加会试，为第一名会元，殿试为进士第三名探花。王阳明是这届科考的同考官，为发现如此年轻的才俊而高兴。邹守益中探花后，被授为翰林院编修。他本想做一番成绩以报效朝廷，以不负探花之名。可他生不逢时，入仕为官时，朝廷已经腐朽不堪，内部矛盾重重。

虽然邹守益中探花前一年，刘瑾被诛，但武宗仍昏庸不振。在如此昏暗的政局下，邹守益无法实现政治抱负，只在翰林院干了一年多借丧亲之故辞职回乡，研究程朱理学。此时，王阳明任南赣汀漳巡抚，公务之余，在赣州传播心学理论。邹守益在家乡攻读程朱理学时，对一些概念和观点百思不得其解。如“格物致知”，意为探求事物的原理而获得知识，这是浅显的道理。但是，每个人的心境不同、素质有异，所处的环境也不同，探究事物原理的方式和途径多种多样，怎样做才能获得真知呢？邹守益带着疑问，去赣州向王阳明请教。王阳明阐述了“致良知”的观点，认为应“知行合一”，“知行并进”，通过反求内心的修养方法，以达到所谓“万物一体”的境界。两人还就“致良知”的方法和目的等问题作了探讨。邹守益很信服王明阳的学说，赞叹道：“道在是矣。”王阳明也欣赏他的钻研精神，赠诗曰：“君今一日真千里，我亦当年苦旧迷。”从此，邹守益一直追随王阳明，学习、弘扬和传播其心学。

嘉靖三年（1524 年）二月，朝廷发生了关于世宗的父亲应该封什么尊号的大争论，史称“大礼仪”，这场争论实质上是朝廷的派别和权力之争，延续了两三年。邹守益连上两疏，力谏世宗不能违背古训和礼教，应以孝为先，保留生父的尊号；还建议任用忠臣，惩处扰乱朝纲的奸党。世宗读了奏章大怒，认为他是攻击朝廷，下令将他严刑拷打，投入监牢。过了一段时间，又将他赶出京城，贬到安徽的广德州任通判。在广德州，邹守益拆除不合时宜的祠庙，兴建复初书院，请王阳明的得意门生王艮和其他研究心学的学者来讲学，传播王学。他特别注重教化，作《谕俗礼要》宣讲，深得百姓拥戴。嘉靖六年（1527 年）五月，王阳明被朝廷起用，升任兼都察院左都御史、总督两广及江西、湖广军务，威名远播。同年，邹守益随着恩师的升迁，也升任南京礼部郎中。广德州的士民为颂扬他的功德政绩，立生祠以作纪念。第二年，王阳明在征讨广西北族、瑶族土官反明武装结束后，在返回的途中，因病逝世于赣州。邹守益和王门弟子，在杭州建天真书院，传播王学，并召湛若水、钱德洪、王畿等名士论学，探讨师说。

在南京任满一届后，邹守益无意仕途，以病为由回家乡传经讲学。直到嘉靖十七年（1538 年），朝廷再让邹守益回朝，先后任南京吏部员外郎经筵讲官、太常少卿、侍读学士、南京国子监祭酒等职，并掌管南京翰林院。他遵朝规，立章程，爱同僚，歌诗习礼，六馆士吏庆幸有如此德才兼备的师长。时逢宫中九庙遭火灾，谣言四起，说是天神发怒，妖魔作怪，人心惶惶。邹守益上疏驳斥了迷信邪说，倡议从皇上到官吏，都要修善积德，上苍才会保佑生灵，朝廷内外才会安定。世宗认为他是嘲讽朝廷，居心不良，下令削去他的官职，放归老家。不到 50 岁的邹守益从此绝意仕途，在家乡 20

多年讲经传道，弘扬王学。

邹守益的一生，不管是从政还是研究学问，都是与王阳明密切相关的。他崇仰王阳明的人格精神，信奉其学术思想，矢志不移地为王学的传播和光大而努力，并为维护王学的正统和权威性，为王学的发展，作出了贡献。邹守益被削职回乡后，与刘邦采等在安福城乡建复古、连山、复真诸书院。他“以觉人垂后为己任”，每月初一、十五召聚门生讲习于明伦堂，别的书院也常请他去主讲王学。他以书院为基地，坚持隔月举行“惜阴会”讲会，称作“四乡会”。王阳明去世后，其门生有逐渐偏离其心学理论的趋向。有的或左或右，或以偏概全，或断章取义；有的搞照搬照套的“本本主义”，不结合实际，以至于对王学中的同一个观点，有甚至相反的理解。面对如此局面，邹守益很是担忧。他觉得捍卫王学精神，使其在传播的过程中不偏离主旨，是自己的责任。于是，他牵头组织几位吉安府的王门弟子，将安福惜阴会搬到庐陵城东的禅宗七祖道场青原山，那里的条件更为优越。邹守益显示出了杰出的组织才能，将“九邑”，也就是吉安府所属的九个县，以及邻近的“五郡”的“同志”，召集到青原山，举行王学的专题研讨会，称为“青原会”。除江西外，江浙的王门弟子，如王畿、钱德洪等著名学者多次不远千里赴会。各地儒者加上随从，数百人有时上千人会聚青原山，每年春秋两季各一次。如此规模宏大的讲会，影响全国。青原讲会的主事者，是以邹守益为首的本地名儒，主讲者均为当时全国的著名学者，于是儒士云集，青原山成为全国研讨王学的中心，王学传播的范围也越来越广，更为重要的是，维护了王学的主体精神和正统性。正如《明儒学案》中《江右王门学案》所云：“姚江之学，惟江右为得其传”，“阳明之道赖以不坠。盖阳明一生精神，俱在江右”，而最“得其传”的是邹守益；“阳明之道赖以不坠”所作贡献最大的也是邹守益；“江右王门”的掌门人自然非他莫属。

作为阳明心学的正宗传人和江右王门的掌门人，难能可贵的是他结合思想和生活实际，对王说作了新的阐述，发展和丰富了王学理论。最突出之处在于，他在道德修养方面，发展了王阳明的后期思想，即不强调形式上的“默坐静养”，而是提倡“修己以敬，戒慎恐惧”。他对入会者提出的纪律和道德自律要求，对讲会的正常和连续进行起到了积极的作用。他去世后，青原讲会并未停止。吉安籍的名儒继承了他的精神，坚持讲会制度，邹元标、郭子章等名臣士儒退职回乡后，成为讲会的中坚。后来，青原山建了会馆，建了“五贤祠”，祀王阳明，配以邹守益、罗洪先、聂豹、欧阳德四位理学士儒。吉安遂成为享誉四方的“理学之邦”。

【拓展阅读】

青原会馆

青原会馆，系明代青原惜阴讲会之馆舍，嘉靖十五年（1536 年）邹守益等建。王守仁于正德年间讲学青原山，邹守益等受业。嘉靖年间邹守益以祭酒致仕归，与刘邦采等王门学子于安福惜阴会基础上成立四乡会。“春秋两季，合五郡，出青原山为大会”，世称青原会。邹守益、罗洪先、聂豹、欧阳德等相继主盟，会讲于此。浙江王畿、钱德洪等亦率徒来会。当道者为建“传心堂”，并立五贤祠，祀王守仁，配以邹守益、罗洪先、聂豹、欧阳德。万历年间，邹元标、刘同开等又联讲会，迁传心堂于谷口之阳，置书楼；旁建九邑（庐陵、吉水、永丰、泰和、龙泉、万安、安福、永新、永宁）会馆。各邑会馆备饩，来会者以壶餐送迎。清康熙年间湖西道施闰章重修传心堂。清末废书院兴学堂，院舍田产并归白鹭洲吉安府中学堂。

传心堂

14. 刚烈硬臣邹元标

【本篇导读】

邹元标（1551–1624 年），字尔瞻，号南皋。江西吉水县县城小东门邹家人。万历五年（1577 年）中进士，入刑部观察政务。为人敢言，勇于抨击时弊，因反对张居正“夺情”，“被当场廷杖八十，发配贵州”。他刚直不阿、方正耿直的精神和思想一直在人们中传颂，在他家乡吉水县，至今仍流传着“割不尽的韭菜蔸，打不死的邹元标”的俗语。

邹元标像

邹元标刚入朝廷不久，时任首席内阁大学士的张居正之父去世，按封建礼法规定应当停职守孝三年。而张居正却例外，认为自己是一人之下、万人之上的“世有非常之人，然后办非常之事”的特殊人物。他借口朝中事务繁忙，年幼的神宗皇帝离开他不行，而不愿离职。邹元标则看不惯这种人，便联合朝中十几个人，集体上书神宗皇帝，要求批准张居正离职回乡守孝，却遭到皇帝的拒绝。朝廷内外议论纷纷，说张居正这种不孝之人怎能执掌朝中大权？张居正之所以得到年幼皇帝的庇护，原来是皇帝登基伊始就得到张居正的辅佐，一手除去了前任首席内阁大学士高拱，清除了障碍和异己，稳固了小皇帝的统治地位。张居正深得皇上和皇太后的宠幸，取代了高拱，成为权倾一时的首席内阁大学士，被神宗及两位太后捧为“首辅张先生”。张居正认为自己与众不同，是个特殊之人。

邹元标却不这么认为，觉得张居士虽然权大一点，却也和大家一样是一个朝廷命官，看不出应该有什么特权之处，应该同样遵章守法，尽孝之道。可他却亲人在世时不去抚养，亲人去世后不去奔丧。世人即使不认为他是丧尽天良之人，也会咒他禽兽不如。邹元标不因为自己官小位卑而畏言，也不因为对方位高权重而媚颜。他尖锐地指出，张居正实际上站得不正，他言行不一，狡猾张狂，任人唯亲，而不举贤任能；他重用奸佞，扶邪压正，滥施刑罚，鱼肉百姓。邹元标对皇帝上奏说，张居正的取功名利禄之道，不可学之；忘亲情而不顾孝道之为，也不可效之，如果皇上以他为学业之师和志向之导，那将会有无法逆转的流毒。

明代朝廷有个不近人情的刑法，就是大臣有了过错或罪行，当场把他按倒在朝堂上，用棍杖打屁股，让上朝的官员看。杖打数视罪轻重而定，罪重的多打。当邹元标呈送奏折时，正好遇上吴中行等人被杖打屁股，原因是他们参奏了首辅大人张居正。守门的卫士见邹元标也来参本，便不让他进，而邹元标不仅不怕挨杖，还明知山有虎偏向虎山行，假说自己不是去参奏，而是去请假，才放行进门。然而，邹元标的奏折被打了水漂，还惊动了张居正。张居正一怒之下，下令杖打邹元标八十大板，邹元标的屁股都打烂了，还被贬官流放到都匀卫（今属贵州省）履职。

都匀卫山高林密，人烟稀少，有些地方还过着刀耕火种的生活，是少数民族聚居的原始落后地区。将邹元标流放到这样的地方后，张居正仍不放心，非将其置于死地而后快，便派巡按御史去贵州省执行张的密谋。谁知这位巡按御史到达镇远时，突然死了，邹元标才得“老天保佑”幸免一难。

万历十年（1582 年），张居正因病离世，流放 6 年的邹元标被重新起用，返朝任吏部给事中。这是一个可以直接向皇帝进谏的官。邹元上任不久就直接向皇帝进谏，建议皇上一要树立圣上的德行威望，二要亲自过问朝中大事，三要严肃政令法纪，四要提倡儒家的言行礼数，五要治理整顿官吏队伍。这一建议受到皇帝的重视和采纳。

不久，邹元标又上一奏折，弹劾张居正的爪牙徐学谟和张士佩，列举了徐学谟担任礼部尚书、张士佩担任南京户部尚书的种种劣迹，神宗皇帝一怒之下免了二位的官职。在又一奏折中，邹元标大胆地指出神宗不要整日沉溺于声色犬马之中，荒废了朝政，世人埋怨。他说要想人不知，除非己莫为，陛下应该好好检点自己的行为，做一个功德圆满的好皇帝。这下可好，触怒了正当青春年华的神宗皇帝。皇帝下旨谴责，被首辅申时行抓住了机会，因为徐学谟是申时行的姻亲，得罪了徐学谟就等于得罪了申时行，于是，邹元标被贬出京城。

15. 巾帼诗人刘淑英

【本篇导读】

她，生于明末清初的动乱之世，家国破亡之时，毁尽钗环纾国难，以女子之力保家卫国。她的词作交织着有志难申的愤懑和济世报国的激越，豪迈悲壮。她崇高的气节与高尚的品质，让世人敬仰。王伯秋赞誉她“文武忠孝，备于一身”，“诚千古仅见之奇女子也”。

刘淑英铜像

刘淑英，原名刘淑，字淑英，一字静婉，号个山人，又号木屏，安福县三舍村人，生于明万历四十七年（1619年），卒于清康熙二年（1663年）。其父刘铎，明万历四十四年（1616年）进士，授刑部主事，因事忤魏忠贤，出为扬州知府。魏忠贤还不解恨，复陷以罪，将他杀害。其时刘淑英仅七岁。刘铎临刑，指稚女曰：“异日为媛中英，可授以书。”

在母亲教育下，刘淑英饱读诗书，又练就一身武艺。后来兄死于上京途中，丈夫战死于抗清战场。在经历这一系列家难以后，又面临明王朝灭亡的国难，她亲率义兵抗清，先赴永新投明将张先璧，后又投桂林瞿式耜，然瞿式耜兵败身亡。在遭遇了一系列打击之后，她满怀忧愤回到家乡，筑莲庵隐居，事佛终其身。著有《个山遗集》7卷，存词71首。王仁照《个山遗集序》云：“淑姑之诗则凡纪梦述病，玩水游山，弄月吟风，参禅礼佛，皆血随泪落，裂胆碎肝，恸宗社之已亡，慨河山之非旧。今隔数百年，读之犹令人湿眦拍案，色动魄飞，拔剑而起舞。”王嵚奇《重印个山遗集序》称其诗“不假雕琢而自成风骨，隐然家国之思，浩然天地之气”，“是固非旧有之闺秀，旧有之烈女所得而范围之”。刘淑英的诗如此，词亦如此，毫无传统的女儿情态，脂粉气息，大有李清照“生当作人杰，死亦为鬼雄”之气概。如《黄莺儿·感怀禾川归作》：

洒泪别秦关。木兰舟，寄小湾。丹心不逐出笼鹇。桃花马般，屠龙剑闲。长袪片月里羞颜。病孱孱，岂堪殉国？宜卧首阳山。　孤生天地宁有几。已占了、天之二。从容冷瞰尘寰事。半缕佯狂，一函愤烈，恼得天憔悴。买刀载酒空游世，笑看他、漕虫负李。长天难卷野无据，惟有孤生是。

刘淑英满怀抗清复明大志，带着她募集的勇士，到永新投明将张先璧。张先璧不谋抗清大计，却要娶她为妻，刘淑英愤然拒绝，却被张先璧拘禁起来，后得释归里，写下了这首词。这首词与刘淑英的七律诗《禾川题壁》异曲同工，扣人心弦。诗云：“凭空呵气补乾坤，砺志徒怀报国恩。麟阁许登功未建，玉楼待诏梦先惊。销磨铁胆甘吞剑，挟却双瞳欲挂门。摒弃此身全节义，何妨碎裂散芳魂。”家国之痛，黍离之思，报国无门，忧愤凄切，壮怀激烈。直至隐居年老，贫病交加，不改初衷。如《蝶恋花·季春雨》：

乱红飞尽春山小，瘦锷弹云，如哭还如笑。可堪芳草连天杳。梦魂空曳长安道。　乳梅滴滴莺声老。病怪贫魔，驰逐无休了。浓雨送春歌到晓。愁心都倩碧天槁。

残春风雨，乱红飞尽，春山瘦小，以瘦劲锋利的刀锷弹云，时哭时笑，那堪忍受这连天荒草的景况。漫远的长安道让人魂牵梦绕，旧朝已一去不返，一切都无法挽回了。这是怎样的一种哀痛！自己虽怀抗清复明壮志，可是现已临老境，病怪贫魔驰驱不去，只有无奈地以悲歌送春，愁心使碧天也随之枯槁。刘淑英其他词，或描山摹水，或感应时序，或托物寄情，或抒发乡愁，或亲友赠答，无不“但率真性沥心肝”，寄托她的家国之痛，抒发她的刚胆烈心，落魄情怀。如《清平乐·菡萏》：

几年沥血。犹在花稍滴。流光初润标天笔。聊记野史豪杰。　碧笺稿阅千章。拈来无那成行。散作一池霞雾，空余水月生香。

荷花的光彩，史笔的风韵，融会一体，抒发坚贞不屈、和血蘸泪书写诗文的苦心，透出豪杰之气。再如《踏莎行·梅》赞美老梅的孤傲雄豪,《闲中好·忆家园木》十二首,或赞美蔷薇的遗香犹在,或欣赏秋兰的云寒同心,或夸美石榴的血泪丹心,或颂扬崎石的孤根清标,无不见情见性,独抒心志。

【拓展阅读】

诗词流传

刘淑遗稿留有诗词数千首,因手稿中多有“伤国难雪国耻”之作,常把清军视作仇人,骂作“胡虏”、“胡鞮”,如“大呼忙拔剑,梦里斩胡鞮”(《忆昔梦见》)、“床头饶(余)一剑,三跃起吞胡”(《丙戌岁除志感》)、“双眉攫起天渊恨,劈碎仇人气乃平”(《自叹》之十)、“长虹欲吐扫腥膻”(《话别》)等等,故她的诗词在整个清朝,一直无人敢去刊刻,“诗多伤时事,詈斥胡虏,固不可刊刻于前清盛时也”(王伯秋本王仁照序)。直至民国初年,才陆续有同乡裔侄王仁照先生和湖南湘乡王伯秋先生感先贤之贞烈,刊刻为《个山遗集》,以使之广为流传。

人文胜景

Renwen Sheng jing

1. 白鹭洲书院

概况介绍

书院是中国宋代兴起的一种私有地方教育机构，它的存在不仅蕴含了中国从古至今的教育理念,还影响了亚洲多个国家的教育事业。白鹭洲书院作为江西四大书院之一，不光为国家培养了大量的高素质人才，更影响了整个庐陵的文化和精神。白鹭洲书院位于江西吉安市吉州区内东面赣江江心的白鹭洲之头，由南宋吉州知州江万里创建于淳祐元年（1241 年）,现已改为吉安市白鹭洲中学。书院自创立以来办学近八百年，因为政治制度、社会风气、战争、自然灾害等原因的影响，书院几经修复，有兴有衰有起有落。但是，书院所传承的文化和精神一直在庐陵子弟的心中，代代相传。

书院的创建

1. 名称由来

宋代时，受当时书院流行风气的影响，因江万里见白鹭洲上风光秀美、环境幽静，遂决定在洲上创建书院，也就依洲名而称之为“白鹭洲书院”。

白鹭洲为江心三角洲,南起习溪桥码头,北至井冈山大桥(原梅林渡),西濒沿江路,与钟鼓楼隔江相望。全洲呈梭形,长约 1.5 公里，宽约 1 公里，占地约 15 万平方米。

其名的由来有三种说法：

其一，因洲上多栖白鹭而得名。

其二，因神话传说而得名。相传古时有一白鹭仙子，因羡慕人间男女情爱，飞到这里,变作一位美貌的村姑,与江边一位年轻渔人结成情侣。后遭天神迫害,水淹洲渚,为救生灵，夫妻化作白鹭。白鹭仙子潜入水中洲底，奋力以身托鹭洲，使洲永浮水面；渔夫则化作白鹭，日夕在洲上哀鸣，情缠意绵。后来，人们就把这座美丽的绿洲称作白鹭洲。

其三，因李白《登金陵凤凰台》而得名。渊源于唐代著名诗人李白诗中的“三山

白鹭洲书院

半落青天外，二水中分白鹭洲”之名句。由于白鹭洲屹立于浩阔的赣江之中，双水夹流，情景正与李白诗句相合，所以被用作洲名。在北宋宣和年间，吉州通判徐俯的诗中已有“空看白鹭洲”之句。至南宋初年，尹直卿送周必大

白鹭洲书院夜景

诗中又有“我公不向庐陵住，羞杀青原白鹭洲”。元代买思永为重修白鹭洲书院作记时也写道：“谓洲在二水间，取唐人诗句以白鹭名其洲，因以名书院。”清代吉安知府林逢春写了如下诗句：“庐陵文物照江天，院寺钦崇自昔年。水占芳名分白鹭，诗题古壁效青莲。”因此，白鹭洲名来源于青莲居士李白的诗句“三山半落青天外，二水中分白鹭洲”。

白鹭洲全景图

2. 书院的创建

南宋嘉熙四年（1240年），江万里出任吉州知军。上任之后，看到白鹭洲诸峰环共，江水回流，风帆沙鸟，烟云竹树，幽静别致，与自己曾就学的白鹿洞书院环境相类似，是个读书讲学、著述论理的好处所。又访悉理学大师周敦颐、程颢兄弟曾过化于此。为景仰先贤，阐扬理学，培养人才，第二年(1241年)便以白鹿洞书院为榜样，"因命构楼，开讲学之堂，创立白鹭洲书院"（刘绎《白鹭洲书院志序》，见清同治版《白鹭洲书院志》卷首）。

白鹭洲书院建设设施较为齐全，设有文宣王庙、棂星门、云章阁、道心堂、万竹堂、风月楼、浴沂亭、斋舍等。在围绕着护城河边有田租八百多石，每年收入达到五十多两白银，来资助学生。不过，书院最初创建时，并未找到合适的人出任山长（即校长），江万里认为宁缺毋滥，也不利用职权安插亲信，亲自选拔各县的优秀青年来书院学习，并在公务之余抽时间到书院亲自任教，若白天没空，就晚上升堂讲学。这不仅使书院学生受益匪浅，更使庐陵学风大兴。

书院的历史发展

在历史的星空中，文天祥、解缙、杨士奇这样的闪耀之星都是吉安人，吉安可谓是人杰地灵，而开设书院却是庐陵文化兴盛、人才辈出的重要因素。尤其是白鹭洲书院为庐陵一郡书院之首，不光影响了庐陵地区的教育，更重塑了吉安人民的气节。

白鹿洞书院（位于九江市庐山南麓，创建于南唐，中国四大书院之一，江西四大书院之首）

1. 宋元时代

南宋淳祐二年（1242年），江万里调离吉州，临行请郡中名儒刘南甫执教。四年后，江万里仍关心白鹭洲书院，并出面聘请欧阳守道为书院的第一任山长。欧阳守道把岳麓书院的办学经验带到白鹭洲书院，使书院更上一层楼。特别是宝祐四年（1256年），文天祥廷试擢为状元，"事闻于朝，理宗亲笔御书匾额'白鹭洲书院'五大字悬书院大门"。从此，就读诸生骤增至数百人。因而，书院名扬天下，"与庐山白鹿、铅山鹅湖共名齐辉"。[①] 当时书院主要传授程朱理学（由程颢、程颐两兄弟开创，朱熹为代表人物的儒家流派），根本特点就是将儒家的社会、民族及伦理道德和个人生命信仰理念，构成更加完整的概念化及系统化的哲学及信仰体系，并使其逻辑化、心性化、抽象化和真理化。

到了元代，朝廷接管了宋代官办的书院，并依旧纳入体制之内加以管理，在置田、拨款、授官等方面予以支持。在讲学内容上，各地书院沿袭了宋末以来重视程朱理学的传统，极大缓解了民族矛盾和遗民的反抗情绪。元延祐年间（1314–1320年），余天民出任白鹭洲书院山长。这时，岛上有寺庙僧侣多次挑起事端，企图霸占书院产业。余天民毫不客气，将此事禀告吉安路政府。吉安路官员立即下令，毁去寺庙，并在寺庙旧址上重建复古亭。于是，岛上所有用地，全部归属于书院。至正十一年（1351年），

① 何明栋：《白鹭洲书院发展史略》，《江西教育学院学报》，1988年第3期。

岳麓书院

安徽颍州爆发了红巾军起义。第二年，起义军攻占吉安城，火烧白鹭洲书院，书院只有夫子庙尚存。至正十四年（1354 年），吉安大雨，残存的白鹭洲书院毁于洪水。这时，山长郭庆传、训导曹中一同向吉安路官员请求修复书院。他们的请求得到批复，吉安路还命令欧阳成德捐资重建，于是在至正十五年（1355 年）二月十六日，修复工程开始，并且进展迅速，到四月二十五日，全部工程结束，仅仅用了两个多月时间，共花去钱币五万缗。这时，红巾军起义的战火燃烧于大江南北，元朝政权岌岌可危，而在吉安白鹭洲，依然传响着朗朗的读书声，儒家忠君之念、忠臣体国之思，依然深藏在每位书院学子的心中。①

2. 明清时期

明洪武四年（1371 年），朱元璋下令，将书院与各地的府学、州学、县学合而为一，重视官学提倡科举，这样便于加强对书院的管理，从体制上强化对读书人的控制。白鹭洲书院也无可避免地纳入府学之中，书院原址因无人管理而沦为荒地。正德五年（1510 年），王阳明在庐陵做知县。在短短的几个月任期里，他免徭役、治驿道，在城中修筑防火工程，同时在庐陵这块崇尚文化的沃土上，播撒自己理学思想的种子。当时庐陵县衙在府城南门，出南门稍东，就是白鹭洲，洲上书院遗址尚在，王阳明就在遗址上开辟了一个自己讲会的场所，更主要的是白鹭洲书院成为其学说的传播地。此

① 丁功谊：《白鹭洲书院的兴建背景与历史兴衰》，《荆楚学刊》，2016 年第 1 期，第 80–86 页。

时，书院受王阳明“心学”（儒家学派之一，南宋陆九渊则大启其门径，与朱熹的理学分庭抗礼，心学最不同于其他儒学者，在于其强调生命的过程）影响较深，黄宗羲在《明儒学案》中特设江右王学一派，其中以吉安府人占据绝大部分。王学成为吉安府最盛行的学说，吉安府学者大多数都是王学后人，他们以白鹭洲书院为主要活动场所，积极开展各项宣扬王学的讲会活动。万历二十年（1592年），汪可受发动官绅百姓重建书院，风月楼和云章阁等堂阁亭楼均沿袭旧名。泮池（位于大成门正前方的半月形水池，意即“泮宫之池”，它是官学的标志，有避免火灾和风水之效）外建理学、忠节、名臣三坊，并兴复二程祠，以罗伦、罗钦顺配享。并开辟学房，配置斋阁。在白鹭洲东西各开辟学房十区，吉安府及所属九县的学生各占一区，又在东西学区旁各设一区，以便郡邑各县俊才及游学者居住。东西两侧均设厨房、斋舍、厕所等配套生活设施。万历二十二年（1594年），书院修复完成，师生们“居有庐，食有饩，涉有舟，无风月，暮旦往来”，学子们没有衣食之虞、往来之忧。汪可受再给他们解决藏书、刻书、印书等问题，他将云章阁辟成藏书楼，藏书甚富，且大量印制科考、讲学书籍，并将书院教学会课中的百余篇优秀范文刊刻成《鹭洲会草》，作为学生们学习的范本。

进入清代，白鹭洲书院的修建基本上都由知府亲自主持，当然提供资金进行助者仍以士绅为主。终清一代，白鹭洲书院共修建19次，平均约14年一次。清乾隆以后，可能有部分商人也参与了书院的修建。在书院志记载的《乾隆十八年阖郡绅士乐输名数》中，对捐助人的身份有标识。该年除了有功名的人捐资之外，乡饮耆宾也参与进来，并出现了一些未获取功名的人。清初，活跃在吉安府讲坛的为施闰章与张贞生、张自勋、毛奇龄诸人。施闰章，字尚白，号愚山，江南宣城人，顺治六年（1649年）年进士。由山东学政按察司佥事迁江西布政司参议，分守湖西道行部。施闰章常在吉安府的白鹭洲书院、景贤书院讲学，他主持了中断多年后的第一次白鹭洲书院讲会活动，金牛、石莲为明代罗

泮　池

钦顺讲学处，青原会为阳明学派会讲处。施闰章的讲学带动了吉安府的学术风气。他主持了著名的学术辩论——庐陵辩论。清中叶以后，白鹭洲书院演变成为以学习制艺为主的书院，官学化严重。清代白鹭洲书院的学规、馆规基本上都是由在任知府制定。地方官吏对书院的控制加强，山长由知府任命，学生由知府定期测试。书院教育与科举考试关系日益密切。书院所采用的课文、教学法和练习也与科举考试的内容和形态密切相关。

3. 民国到现在

1903 年从原本的书院改制为吉安中学堂，后又相继易名为江西省立第六中学、第五中学、吉安中学，解放后改为吉安联合中学、吉安高级中学、吉安中学、吉安市第七中学，1981 年 3 月定名为白鹭洲中学。① 广大教师博学民主、修身笃行、敬业奉献、开拓创新，多人获“全国劳动模范”、“江西省模范教师”等荣誉称号。除此之外，现在白鹭洲中学位于城南的新校区已投入使用。总体风格既体现千年学府的文化积淀，又突出现代化名校的时代神韵；既彰显书院文化、庐陵文化的熏染特色，又与湖光水色、生态自然的庐陵新城融为一体；既充满儒雅凝重的学府书香，又饱含活泼健康阳光人文的青春气息。

办学形式和特色

白鹭洲书院汲取白鹿洞书院、岳麓书院的办学经验，推崇儒家理学，重视品德教育，强调经世致用，使士子们在国家危难之时，挺身而出，舍生取义。白鹭洲书院以其独特而鲜明的办学思想，为国家培育了大量的人才，构建了奋发图强、崇文兴教、推崇节义、敢于创新的庐陵精神。

1. 办学理念

一是推崇文章节义，始终把节义置于文章之上，把道德置于科举之上。二是纳入官学体系，创新教学方法，强调气节修养：纳入官学体系，争取更多的科考指标，吸引各地俊才入读；创新教学方法，在严格课试的基础上，抒写性灵文章。白鹭洲书院的教学管理非常严格，有诵读、体察、作文、课试等各个环节。诵读须读经书、古文、制义、策论等若干，课试有日课、月课、季考等各种形式。课试的时候，吉安知府经

① 李初阳：《文风源远流长——白鹭洲中学简介》，《江西教育》，1990 年第 3 期。

白鹭洲中学

白鹭洲中学城南新校区

常亲临书院，抽查生员试论、表、策的写作。重视品德教育，弘扬儒家义理，强调气节修养。[①]

2. 办学特色

选良址，营造育人环境。立院规，形成育人氛围。择名师，注重德育功能。定规制，建立以自学辩论为主要内容的教学模式。白鹭洲书院教学模式大致包括定规制、立课程、勤讲论、勉自学等内容。教学内容以明人伦为本，注重民族气节的教育，"为治重在德教"。书院建立后，首先大力倡导程朱理学，同时崇祀先贤，建文宣王庙，祀至圣先师孔子，立六君子祠。通过祭祀活动和明人伦的教育，使学生以先贤为榜样，学习修身齐家治国平天下的本领。书院采取升堂讲说、认真读书、自行理会、互相切磋、质疑问难、展礼、优游山水之间等方法和手段来对学生进行教育。[②]

书院文化的传承

1. 弘扬崇文兴教、推崇节义的传统

吉安自古就有"文章节义之邦"的美名，名人辈出，人杰地灵。从宋代开始出状元，到清朝为止总共出了 17 名状元，状元人数仅次于苏州，列全国同类地区第二，进士多达 3000 余人，列全国同类地区第一。[③]

① 丁功谊：《白鹭洲书院的办学理念与文化影响》，《荆楚学刊》，2016 年第 2 期，第 60–66 页。

② 黄年凤：《白鹭洲书院的办学特色及启示》，《南昌师范学院学报》，2009 年第 5 期，第 104–107 页。

③ 杨晓东：《庐陵状元文化研究》，武汉大学博士学位论文，2013 年，第 1 页。

而这样的硕果与白鹭洲书院的创建和发展密不可分。通过对白鹭洲书院的多次修缮，并且不少次修复都是普通百姓自愿捐钱，其中有一部分甚至是目不识丁的普通人，这可以看出吉安百姓对教育的重视。当代吉安更加重视教育，2013 年吉安市在中心城区正在实施的教育、文化、卫生项目达 19 个，总投资 49.6 亿元。白鹭洲中学新校区、市特殊教育学校竣工投入使用，吉安职业技术学院、吉安一中新校区等一批重点项目加快推进，完成农村义务教育薄弱学校改造项目 304 个、公办幼儿园建设 359 个。

白鹭洲中学正气廓

如果说崇文重教是中国古代社会各地在科举制度下流传下来的普遍社会风尚，那么，推崇节义则是庐陵文化一个非常显著的特点。白鹭洲书院的弟子们在节义方面显得尤为突出，他们舍生取义，报效朝廷，谱写中国教育史上辉煌的篇章。时至今日，吉安仍然崇尚气节，从白鹭洲中学校内的正气廊和校训——崇尚气节、建功立业，到市内以文天祥命名的街道和大酒店，再有学校组织学生的必游之地——文天祥纪念馆，这些无一不在提醒着庐陵儿女要匡扶正义、推崇节义。

2. 映照百折不挠、奋发图强的精神

白鹭洲书院自从诞生的第一天起，就和其他书院不同。其他书院坐落在陆地上，而白鹭洲书院建于城墙外侧的洲岛之上，这就决定了白鹭洲书院与其他书院不同的历史命运，既要承受城下前沿阵地争夺的战火，又要面对赣江滔滔洪水的袭击。这使得数百年来白鹭洲书院屡次被毁，屡次重建，重建的次数在国内书院中居于首位。吉安人民天生具有百折不挠、奋发图强的精神。作为革命老区，在国家最危难最混乱的时期，吉安为中国革命作出了巨大牺牲和贡献，全市有名有姓的革命烈士就达 5 万余名，开国将领 147 位。吉安不但是中国科举考取进士最多的地方，也是江西诞生开国将军最多的地级市。

3. 奠定吸纳新知、敢于创新的底蕴

白鹭洲书院从创建以来一直紧跟时代步伐，教学内容和方法更是不断推陈出新，最初因宋代书院盛行而建校，宋代理学风行而书院以程朱理学为主要核心，明朝因为王阳明以书院为阵地而促使心学大行其道，书院衰微、官学为主的时期也作为官学而存活，到了民国也顺应时代改制做学堂，现在作为中学更是中西合璧，将传统和现代完美融合。多少著名的书院隐逸在历史的长河中，而白鹭洲书院如同时代的弄潮儿不断地自我修正、与时俱进，时至今日依然影响着教育界，在吉州大地发光发热。白鹭洲书院犹如庐陵胸前的项链，熠熠生辉，它的光辉更是大珠小珠落玉盘，辉映着吉州的山川河流，闪烁在吉安儿女的心间。

2. 燕山书院

燕山书院坐落于遂川县堆子前鄢背村井下村小组，是我国家族私塾的代表书院之一。据史料记载，燕山书院始建于清朝乾隆五十九年（1794 年），历时 13 年，于嘉庆十一年（1806 年）竣工，迄今为止已有 200 多年的历史。

燕山书院

燕山书院历史悠久，但其建筑外观及绘画等艺术作品的数量保存得较为完好，这在江西乃至全国来说是非常罕见的。而它之所以能相对完好地保存下来，这与当地百姓及政府的珍视与保护分不开。燕山书院占地面积约 3000 平方米，建筑面积 1982 平方米，高达 9 米。最初是由当地黄氏家族的开基之祖黄由相的三个儿子黄义方、黄义言、黄义齐用经商积攒的钱财共同修建的。黄氏先祖是客家人，最初由湖南迁徙而来。作为一所家族式书院，它是专门供黄氏家族的子弟及亲友们免费学习的私府学堂。据黄氏后裔介绍，在书院研习的黄氏子弟人数最多时达 300 人，培养了一

大批人才，其中有两名进士，分别是江西南安知府周勋和广西太平知府黄存镗。

2006年6月，经江西省人民政府批准，燕山书院被评为第五批省级文物保护单位，成为江西省乃至全国珍贵的文化遗产。因年久未修，燕山书院部分建筑坍塌、破损，当地政府为了更好地保护这一珍贵的文化遗产，特意向上级行政部门申请了非物质文化遗产保护基金项目。2008年4月，上级部门拨付专项维修资金80万元，对燕山书院进行了全面整修。历经四个多月的维修，2008年7月底全面修缮竣工，并通过上级文博专家审核验收。之后，遂川县又投资了27万元专项经费对其进行全面维修，本着“修旧如旧”的原则，主要为燕山书院的屋顶铺设旺板并涂装了防水、防火、防腐材料，确保书院不漏水。修复后的书院显得愈加整洁气派，蕴含着浓郁的文化气息。

燕山书院的建筑结构设置简易而独特，主要由外院和内院两大部分构成。外院比较简单，主要由院门、棂星池、院坪、马厩四部分组成。院门为传统的拱形门洞，在正中间刻有“燕山书院”四个大字，简洁而不失文雅。内院以天井为中心，由藏学楼、厢房、讲学堂、文昌阁及辅房等组成的楼阁式四水归堂的四合院建筑。“一书楼”是书院的主体建筑，布局回环曲折、错落有致。院内雕梁画栋，在书院的两侧回廊、楼阁及天花板处刻满了各种人物故事画，据统计有100多幅。这些彩绘虽历经200多年，但至今仍然轮廓清晰、色彩斑斓、绚丽多彩。每幅画都以古代传统典故为题材，内容多为明理求学、修身仕途等，画中的人物栩栩如生、无一雷同，使整个书院充满了浓厚的文化色彩。在回廊的两侧，分别隔出了大小一样的三个房间，在回廊前后有楼梯登上第二层，在第二层也隔出了若干个房间，从回廊结构布局可以推测这些小房间应该是用来实行分班教育。由此可以看出燕山书院的教育规模之大、

燕山书院内彩绘

教育理念之先进。沿着回廊厢房往里面走，可以看到两侧厢房与文昌阁相接，文昌阁楼上原来设有孔子的牌位，而屋顶则为假歇山顶。

纵观整个建筑，燕山书院是庐陵文化与客家文化在建筑风格上相互融合的结晶。而燕山书院地理位置极佳，依山傍水，前临碧水、后靠青山，四周环境优美，使自然景观与人文景观有机融为一体。

3. 龙江书院

龙江书院，位于江西省宁冈县，始建于清道光二十年（1840 年）春，完工于道光二十三年（1843 年）秋，是由江西省宁冈、湖南省酃县和茶陵三县的客籍绅民捐款集资修建而成，是用于客籍子弟读书的最高学府。此地依山面水，风水极佳，五虎岭雄峙其后，风景优美，龙江河环绕经过，地势开阔，乃藏龙卧虎之地，势必能人才辈出。正如永宁（后称宁冈县，今井冈山市砻市镇）知县杨晓昀在《龙江书院尚议录·序》中所赞："楼阁上达乎重霄，堂构横亘于隙地。"

回顾龙江书院的建成，有着特殊的过程，它的产生带着深厚的湘赣边界地理民情的烙印。明末清初以来，在湘赣交界的山区，居住着土籍和客籍两个族系，为了争夺土地和科举名额等资源，两族人经常会有争斗，加上后来清政府的腐朽统治，经常有意无意地挑起宗族纷争，土客籍之间矛盾愈演愈烈。在龙江书院建设之前，本地土籍已经有了巽峰书院、鹅峰书院、联奎书院。而客籍人还没有属于自己子弟读书的书院。"宁卖祖宗田，不改祖宗言"的客籍人，为了自己子弟的功名前程，也为了在本地扎根立足，于是建造了这座龙江书院。

龙江书院

书院是典型的赣西南客籍人建筑样式，依地势风水而建，坐西南朝东北，井联式砖木混合结构，穿斗式梁架，封火硬山墙，阴阳瓦屋面，前后三进，面阔三间，以中轴线对称布局而成的一个建筑组群，占地面积 2037.7 平方米。中间为门厅，大门门首悬挂“龙江书院”黑漆描金木匾，中厅“明道堂”屋宇明亮，为主要授课场所。后进“文星阁”可登高远眺，斗拱挑檐，格局恢宏壮观，阁顶藻井饰双龙戏珠浮雕，栩栩如生。左右回廊与两侧厢房相通，分别设有启秀斋、珍席斋、锦心斋、报功祠、漱芳斋、梯云斋、步月斋、崇文祠。书院前用麻石条砌置泮池，辟“状元桥”拱跨其上，院内遍栽桂花树、罗汉松、樟树等植物。在这罗霄山脉的腹地、崇山峻岭之间，掩映着一处青砖黑瓦、花香四溢、书声琅琅的书院，平添了许多神秘与朝气。

然而真正让龙江书院闻名于世的，是在土地革命战争期间，在此发生的中国革命史上具有划时代意义的两件事。

一是在 1927 年 11 月中旬，工农革命军在龙江书院创办了第一期工农革命军军官教导队。

1927 年 10 月，毛泽东率领秋收起义的部队来到井冈山开展工农武装割据的斗争。由于战斗减员严重，部队十分缺乏有文化、懂政治和军事的人才，毛泽东多次向湖南省委报告，要求派干部来井冈山支持边界的斗争。但由于井冈山地处偏远，交通闭塞，联络不畅，而部队又迫切需要具备这种素质的干部，因此即使在几乎每天都要应对反动当局的严密封锁和围剿之内，在吃穿几无着落、生存尚存问题的时候，毛泽东仍然指示抽调地方上的优秀赤卫队队员和军队里的优秀战士，在龙江书院创办了第一期工农革命军军官教导队，为地方培养基层军事领导干部。教导队的学员由边界各县选派的工农分子和部队中的干部参加，其中宁冈、永新、莲花等县选派来的工农分子六十余人，工农革命军的基层军官三十多人，总共一百余人。由吕赤担任教导队队长，袁炎飞、黄天华任专职教官，下分四个区小队，每个区小队下设三个班。陈伯钧、陈士榘、张令彬、王良分别担任区小

毛泽东龙江书院授课图

队长兼教官。当时办学条件极为艰苦，没有固定的教室，只能露天上课；没有桌椅，只好垒砖为桌，搬石为凳；没有纸，就用杉树皮、竹笋壳充当；没有笔，就用树枝、炭条在地上、石板上或沙盘上练习写字；没有集体宿舍，就分散在群众家里或在祠堂、庙宇中睡地铺。尽管条件如此之艰苦，毛泽东却非常重视教学情况，经常亲临授课，带领学员学习政治、军事、文化知识，还教导学员要理论联系实际，一边学习，一边做群众工作。同时，还派学员下乡进行社会实践调查，调查内容主要包括：人口、阶级状况、土客籍姓氏关系、文化、风俗习惯和统治阶级内部矛盾等等。经过一段时期的学习，学员们的素质有了很大提高。这期教导队原计划办 3 个月，由于斗争形势严峻，只办了 2 个多月，但却为湘赣边界工农武装割据斗争培养了一大批优秀的军政人才。

龙江书院内景

1992 年 6 月，时任国防大学校长的张震上将率领 400 名学员来到龙江书院实地教学，并亲笔题写了“我军军政院校的摇篮”，龙江书院也因此被誉为中国人民解放军军政院校的摇篮。

二是在 1928 年 4 月底，毛泽东同志和朱德同志在井冈山会师，第一次会面就是在龙江书院。

1928 年初，以宁冈为中心的井冈山革命根据地态势初步形成，毛泽东派何长工到湘南、粤北去寻找朱德所率领的南昌起义部队余部，几经周折，终于在粤北韶关梨铺头联系上了朱德部队。何长工汇报了毛泽东派他来联系的使命，通报了秋收起义部队几经转战、落脚井冈山的情况。朱德听后又了解了井冈山现有武装、地形山势、道路交通、经济供应、领导人状况以及能否屯兵等问题，何长工一一作了解答。朱德听罢十分高兴，便计划与秋收起义部队会合，将两支部队集中。1928 年 4 月 28 日，毛泽东率领的秋收起义部队在湖南酃县接龙桥阻击敌人后，返回井冈山砻市，刚到达砻市，何长工就向他汇报，朱德所率领的南昌起义部队和湘南暴动农军，已经到达井冈山，就住在龙江书院。毛泽东听到这个消息后，异常兴奋，立即赶往龙江书院，在书院门口与朱德同志进行了第一次握手会见，紧接着带领干部到龙江书院的最高点文星阁召开会议商谈两军会师具体事宜。1928 年 5 月 4 日，湘南特委决定，将朱毛两部合编为工农革命军第四军（同年 6 月 4 日根据中共中央指示，改称为工农红军第四军），朱德任军长，毛泽东任党代表，陈毅任政治部主任。两支红色激流汇聚井冈山，从此“朱毛”红军威名天下，中国革命取得了一个又一个的胜利。

龙江书院，这个赣西南偏远山区的客家建筑，经历了井冈山斗争的艰苦卓绝，见证了朱毛会师的艰难曲折，如今成为被世人敬仰的红色观光学习胜地。

4. 匡山书院

匡山书院位于吉安市泰和县苑前镇。据地方志记载，匡山书院是吉安最早的书院。它创建的历史可追溯到后唐明宗长兴三年（932 年）。

它的创办者，是五代时期的著名学者、诗人、教育家罗韬。

罗韬，字洞晦，亦字晦夫，号匡山，吉州泰和紫瑶乡（今吉安市泰和县苑前镇）人。罗韬生于唐僖宗光启二年六月十五日（886 年 7 月 20 日），历五代而至宋，于开宝二年二月二十日（969 年 3 月 10 日）去世，享年 84 岁。门人追思之，私谥静逸先生。由于他从小就清修苦学，这样长期刻苦学习，使他学富五车，成了当时名噪一时的大儒。他向朝廷进《大学》，析解“平天下，宜以修身为本”，得到唐明宗李亶的认可；然后又演《九畴说》，以文学著称，授端明学士。为了防止宦官干预国事，除去朝廷的隐患，他还向明宗献《丹四箴》，力主纳诲、防几、赏廉、革蠹，使李亶大为高兴而优礼之。五代后唐初，罗韬被征授为长沙通判，到任后廉洁奉公、勤政为民，有很好的政绩，受到皇上的褒奖。不过，罗韬无意仕进，几年后因病告退。罗韬回到家乡，隐居乡村纵情山水，以教书育人为业，不再步入仕途。

匡山书院

“征书不浼平生志，只为青山别有春。”罗韬回到泰和后，便离开原来住的中团村,来到风景秀丽的匡山(又名义山、王山、紫瑶山)居住。他潜心学问,著有《匡庐记》3卷、《门人问答录》5卷、《琳王郎馀稿》1卷。因他学问渊博,品行高洁,故四方来求学的人越来越多。于是罗韬建书院于匡山之下(今泰和县苑前镇书院村是其故址),目的是培育青年才干。

罗韬在紫瑶山顶一块"圈椅形"的平坦之地创立书院,设"孔圣殿"、"五经阁",讲解道经、理学。书院扩大后,搬到山脚下的定光寺,并置学田,供给书院的费用。如今,苑前镇仍有一行政村以书院为名,称"书院村"。

罗韬像

中国的书院始于唐代。唐玄宗开元六年(718年)设丽正书院,十三年(725年)改称集贤书院。号称我国最早的一所讲学式书院,是庐山白鹿洞书院。它最早称为"庐山国学",是在南唐昇元年间(937–942年)创办的,到宋初才改称白鹿洞书院。因此,匡山书院创办的时间比白鹿洞书院还早。作为匡山书院的创办者罗韬,他对中国书院教育的贡献是不可小觑的。

中国是一个富有文化底蕴的国家,更是一个诗的国度,自《诗经》以后,诗学便成为教育的重要内容。中国的文人,会写诗的占大多数。罗韬也不例外,他是五代时期有名的诗人。《泰和诗征》和《庐陵诗存》皆录其诗。如《泰和诗征》卷一收录了他写的一首《赠摄邑令陈都干承逸》诗:"忠言直许能扶国,循吏仍知不近名。今日西昌人尽喜,廉泉先已为君清。"《匡山书院罗氏族谱》则题作《赠逸翁陈先生都干西昌律》,还在开头增加了四句:"琼林宴罢岁频更,往事昭昭亦可惊。黄草峡边哦月上,白苹洲畔看潮生。忠言直许能扶国,循吏仍知不近名。西昌今朝人尽喜,廉泉先已为君清。"由七绝诗变成了七律诗。《庐陵诗存》卷一只收录了罗韬写的《赠乐纠》诗中的两句:"征书不浼平生志,只为青山别有春。"关于这两首赠诗的主人,记载在地方志和《罗氏族谱》中:陈逸翁,为泰和名宦第一;乐纠,泰和早禾市人,后唐天成年间(926–930年)屡征不起。罗韬与他们志趣相投,交往甚密,遂作诗以赠。

当时,慕名前来求学的学子很多,促进了周边乡、县崇文兴学之风。影响之大甚至传到了明宗皇帝那里,明宗皇帝以"馆起东山之下,民风日善,俗成东鲁之区",赞赏他,还特令翰林院学士赵凤大书"匡山书院"四字相赠,对罗韬办校育人给予了高度的评价。就此,匡山书院声名鹊起,而且留传后世。

罗洞晦公祠

匡山书院多次在战火中毁坏，罗韬后裔曾三次重修：宋重和元年（1118 年）罗韬裔孙罗宏重修。经宋至元四百年后，遭兵毁。元唐震（泰和人）以湖广庆阳州书院山长归故里，重建院舍，并在其中讲学。明永乐中，罗韬裔孙罗汝止、罗养吾几次修葺，用来教乡人子弟。万历三十四年（1606 年），裔孙罗讲重修，曾皋为记。

从五代至清朝，历经一千多年，匡山书院作为讲学之所，留下了很多当时文人学士来游览时写下的诗文，赞美罗韬的办学。

如今，书院村及紫瑶山周边的一些道观楼馆已得到修复和维护，紫瑶山顶的白鹤观、静化文坛已重建。一年四季游人香客纷至沓来，昔日的盛况正在逐步呈现。而在当年匡山书院的旧址上，建起了匡山小学，现有 5 个年级，9 位老师，100 多名学生。有人写诗道："至今匡山风高在，千家万户尽读书。"自 1977 年恢复高考制度以来，这片丰腴的土地先后产生 63 名博士，占全县博士总数的五分之一。全镇 18 个行政村，几乎村村有博士，平均每 500 人就有一个博士。因而罗韬的故乡也被誉为"博士之乡"。

2014 年，在匡山书院旧址上建立的书院村，由于其悠久的文化底蕴、淳朴敦厚的乡风民俗和紫瑶山的秀丽风光，在江西参加"中国百个'最具乡愁'村庄"评选活动中，荣获第三名！

5. 安福孔庙

安福孔庙位于江西省吉安市安福县，至今已有近 900 年的历史，是江南地区规模最大、保存最完整的孔庙，是国家级重点文物保护单位。

安福，自古被誉为"文章理学忠节之邦"，宋、明两代文风日盛，史载"理学文章、忠孝节烈，直可冠诸西江诸邑"。入清后，"人文继起，先后辉映，理学忠杰，文艺科名，甲于宇内”。清初吴云在《吉安任务记略》中对安福的地理人文评曰：“家有诗书，人多儒雅，序塾相望，弦诵相闻，人庞醇而多寿考，艺文而盛儒术，士夫多秀特，文章盛于江右矣。”莘莘学子，读书求仕……可以想见，历史上安福的教育盛况。

在唐代，安福就已设立官学（学宫）。宋元丰四年（1081 年），安福县令李康成重修安福官学，并扩充为规模宏大的集学宫、祭孔为一体的安福孔庙。南宋绍兴十二年（1142 年），安福孔庙迁建现址至今，屡有兴废。元军南侵时进攻安福，孔庙毁于兵火。到了明朝，皇帝钦定了天下孔庙统一建筑格式，正德十六年（1521 年），知县俞夔便依照朝廷统一的格式再建。明、清期间虽进行了几次大修，其主体建筑仍保持了明代的规制。

安福孔庙大成门

现存主体建筑坐北朝南，面积 2148 平方米，整个院落 10000 多平方米，有下马碑、泮池、圜桥、大成门、名宦祠、乡贤祠、东西两庑、露台、大成殿等建筑。主要建筑物均以一条南北向的中轴线排列，它利用层叠推动的门阙、津桥、院落丰富空间的变化，借以突出尊崇孔子的主题。大成门与大成殿是孔庙的主体建筑，占地面积 3000 余平方米。歇山重檐，琉瓦飞甍，展翅欲飞，无不体现出孔庙的古朴典雅、庄重雄伟。

大成门占地面积 581 平方米，开 5 门，左右侧于乾隆二十八年（1763 年）设名宦祠、乡贤祠，正中双层出阁，歇山顶屋面，檐角飞翘衬托门殿的庄重雄伟，阁前饰双凤及花草纹木雕，雅丽别致。大成门前有 10 根高大的石质檐柱，中间两根镂孔镌刻龙凤腾云图案，凤在上、龙在下，纹饰繁缛，工艺考究。

大成殿是孔庙的中心建筑，高 14 米，宽 25 米，采取台梁框架结构，台基拱柱，横梁穿方，8 根合抱楠木大柱顶天立地支撑大屋架，木雕奇兽，梁枋彩画，红柱金匾，历代楹联，显得庄重堂皇。正门前一对镂孔云龙盘柱，巧丽精湛，殿内高悬“万世师表”（百世文官表、历代帝王师）牌匾，正中祀孔子雕像，木构是抬梁式框架，梁柱硕大厚重，气氛庄重肃穆。梁枋间的斜撑分别是:象（万象更新）、马（马到成功）、鹿（禄位高升）、狮（万世师表）木雕，玲珑剔透，隐喻吉祥。殿内供奉有一代至圣——孔子、儒家亚圣——孟子和儒家先秦最后一位大师——荀子的塑像，以及本县先贤塑像。

安福孔庙内“三圣”塑像

安福孔庙自始建以来，历元、明、清、民国至今，虽历代多有兴废，但一脉文风延绵不绝，其宫殿式孔庙主题建筑享誉江右，儒学特色一以贯之，承载着丰富的历史、科学、艺术、文化价值。《元旧谱序》载:“豫章人才之盛吉安为首郡，吉安人才之盛安福为首称，盖其习尚。其世族又以忠孝相尚，是以卿士大夫争自濯墨以通经学古为高，救时行道为贤，尊德乐义为重，人才之胜胥此焉……”可见，安福古代好儒成风，习文之广，基础之厚，文风之盛。

在安福人心中，安福孔庙并不是一座简单的建筑，更是崇文重教风尚的传承，是对学业必敬师古训的遵守。人们在这里不仅可以缅怀先圣，更激励大家要继承优良传统、弘扬中华美德。

安福孔庙历经沧桑岁月、时代变迁，依然能再现昔日风采，这是安福人民共同维护、共同努力的成果。安福历史上崇文重教，名人辈出，安福百姓已经把教育和治家结合起来，把倾尽全力培养子弟读书当成祖训戒律，把尊师从儒、知礼崇贤的风尚融入血液经脉，这是中国传统文化中尊师重教的传承，也是庐陵自古以来崇文重教的延续。

6. 阳明书院

吉安自古有“文章节义之邦”的美誉，是孕育庐陵文化的人文故郡。

在吉安市东南方，距市区15华里的青原山山麓上，有一座与净居寺并立的、曾一度是全国著名的理学讲坛——阳明书院。

王阳明（1472–1529年），名守仁，号伯安（别号阳明），浙江余姚人，官至南京兵部尚书。

王阳明像

王阳明是明代著名的哲学家、政治家、军事家、文学家、教育家，曾筑室故乡阳明洞中，世称阳明先生，卒谥文成。他创立的学说在明朝的中后期影响很大，还流传到日本及东南亚一带。近年来，随着不断掀起的国学热，王阳明更是被称为“明朝第一牛人”。其著作由门人徐爱等辑成《王文成公全书》38卷。

阳明先生虽为余姚人，然而他一生的“事功”主要都在江西取得，而江西各地方书院的兴起、学术的崛起与他皆不可分开。阳明书院的前身，坐落在青原山净居寺的青原会馆便是由王阳明、邹守益倡导建立的。

明正德五年（1510年），王阳明出任庐陵知县，在青原山净居寺内讲“致良知”之学，学者趋之若鹜。讲会时，大江南北的王门弟子不远千里而来，他以庐陵县为中心，自吉安地区扩展其影响，阳明心学在庐陵大地上一时蔚为成风。其后建青原会馆并举春秋讲会，适时会讲者众，并开始置办学田。

青原山王学讲会持续百余年，吉安更是荣膺“理学之邦”，并有“东南邹鲁、西江杏坛”之誉。先生的弟子遍布江西，见于典籍篇章的便达数十人，也正因此，一举奠定了江右王学发展的基础，形成了王阳明学说的重要支派——江右学派，而吉安一时也成为王学的传播中心。

先生去世后，江右王门弟子为传继心学、发扬师说，竭尽其力，且代有传人。

明万历四十年（1612年），吉州名士邹元标（1551–1624年）、泰和郭子章（1543–1618年）接纳净居寺僧本寂的建议，筹资将会馆从净居寺内迁至寺外山前，于待月桥旁、翠屏山之南，重建“传心堂”、“五贤祠”（五贤指王守仁、邹守益、聂豹、欧阳德、罗洪先）。祠旁建“九邑会馆”（吉安府嘱九县各建一馆，各馆置有公田，接迎本县学士文友。百多年间，育人无数）。

清道光二十九年（1849年），为重振阳明之学，吉安知府鹿春如首倡建阳明书院。社会各界踊跃捐资，建书院于净居寺北侧，与净居寺隔溪相望，历三年建成。书院坐北朝南，前后三进，占地12亩，规模宏大；第二进为“传心堂”，设“志道”、“据经”、“依仁”、“游艺”四处学舍；第三进为“五贤祠”，祠上方建“魁星阁”。书院建成后，又“劝捐储费，建库储书”，选拔吉安九县优秀生员就读，扬儒学精神，继庐陵文脉。“阳明书院”因此而复生。

阳明先生的学问渊源于对传统儒学的吸收，受到了陈献章、湛若水、娄谅等人的思想传递，也受到了禅宗思想的影响，更是从自己独特的人生经历中参悟出来的。对于这一点，钱穆先生在《阳明学述要》一书中述道：历经龙场驿悟道、讨平宸濠之变后，王阳明遭遇到朝中谗臣诬蔑造反。动心忍性之后，五十岁在江西，始揭“致良知”之教，为此，王阳明还遣书邹守益。王阳明的学问，从哲学层面上讲主要有三个方面：心即理、知行合一以及致良知。

王阳明认为，人对外物的认知是一种本能，心的本体就是“至善”。将这种本能发挥到极致就能够心如明镜，映照万物，此时的心便是天理。所以，我们可以从物我一体论和心体至善两个角度去理解“心即理”的真正含义。在“心即理”的理论基础上，王阳明接着提出“知行合一”思想并强调：懂得道理是重要的，但实际运用也是重要的！要想实现崇高伟大的志向，必须有符合实际、脚踏实地的方法。这绝不仅仅是一句话，而是一种高

阳明书院

深的处世和生活智慧，足以使人受用终身！

“良知”，是王阳明学说的主旨，语出《孟子·尽心上》：“人之所不学而能者，其良能也，所不虑而知者，其良知也。”

王阳明认为，“致知”就是致吾心内在的良知。这里所说的“良知”，既是道德意识，也指最高本体。他认为，良知人人具有，个个自足，是一种不假外力的内在力量。“致良知”就是将良知推广、扩充到事事物物。

阳明心学不仅变革着学术思想，也变革着书院。在阳明心学和阳明学派的影响下，青原阳明书院的立学宗旨、教学方法、学术研究等方面独领风骚，庐陵的书院文化和文风呈现出勃勃生机，再次鼎盛起来。而王阳明在书院的讲学中，积累了丰富的教学经验；且以其心学为指导，提出了一些有价值的教育思想，尤其在“学者学为圣人”、“学贵自得”、“知行合一”等方面有其独到的见解。他的教育思想，也成为其学术思想的重要内容而传承至今。

地处赣鄱大地西南的吉安，至明中叶时期因“王学”而重兴书院，由书院而使庐陵文脉得以传承，书院文化给“文章节义之邦”注入了时代的强音，也为这片土地留下历史的厚重。

7. 青原山

青原山位于吉安市青原区境内，距市中心城区仅 10 公里，海拔 320 米，峰峦连绵 10 余公里，山上树木葱茏，奇葩芬芳，山下碧泉叠翠，古迹名胜各具情趣。这里古木参天，景色秀丽，环境幽静，气候宜人，北宋诗人杨万里有诗赞曰“山川江西第一景，千寻青壁是青原”。

青原山自嵩华山、天玉山转黄原岭而来，南至张家渡；西北起于鸡江峰，渡永和镇；东部的鹧鸪岭、梅林一带为青原山麓，这是广义的青原山。狭义的青原山仅指净居寺所处的安隐山和周边山水——青原山风景区。她以其“翠、幽、秀、奇”的特色，在海内外享有较高的知名度。1993 年被列为省级森林公园，1995 年被列为省级重点风景名胜区，2016 年被评为国家生态旅游示范区。

青原山名胜古迹众多。走进青原山，首先经过的是山前一座石桥，据说人们只要过了此桥就与佛有缘，万事大吉，百业昌盛，故称“万善桥”。嵌有文天祥手书“青原

净居寺全貌

山”匾额的红亭就坐落在此桥的南端，它是青原山的第一道山门。从红亭前行 600 多米，便到了第二道山门，其上刻有明代学者施闰章题写的“圣域”二字，可惜此门在“文革”中被毁。再前行约 500 米，就到了第三道山门，上面有颜真卿题写的“祖关”二字。它的左边是待月桥，右边是迎风桥。万善桥、待月桥、迎风桥是横跨在青原溪上的三座名桥。清澈见底的青原溪源于青原山巴茅坑，经净居寺、浒岗、云岗，穿青石桥而入赣江。

青原山是一座佛教名山。过了迎风桥，就是闻名遐迩的净居寺。净居寺依山傍水，古木参天，暮鼓晨钟，香烟袅袅，人们置身其间犹如身在梦幻世界。自唐代起，青原山就是佛教圣地。全国重点保护寺庙之一的净居寺坐落山中。净居寺建于唐神龙元年（705 年），原名为“安隐寺”，宋崇宁四年（1105 年）改为“净居寺”。该寺占地约 1 万平方米，主体建筑有天王殿、大雄宝殿、观音阁。整座寺院巍峨雄伟，金碧辉煌，布局合理，巧妙精致，是独具江南建筑特色的一座古寺。唐开元二年（714 年），佛教南宗六祖慧能派弟子行思从广东韶关曹溪山南华寺到这里开辟佛堂，广收僧徒，宣扬南宗的“顿法”。一时间，这里香火鼎盛，成为江南佛教圣地。禅宗七祖行思，庐陵（今吉安市）安福人，在韶州（今广东韶关）曹溪山南华寺受六祖慧能真传，于唐神龙元年到青原山创建寺院，广聚信徒，传布佛法，发展成禅宗南宗的青原法系，是南宗两大法系之一，后又发展成曹洞、云门、法眼三家，影响远及朝鲜、日本和东南亚。

净居寺历代屡经兴废，20世纪80年代得以修复，建筑特色富有明代江南庭院色彩，雄伟壮丽。寺门横额“青原山”三字为文天祥手书，正气凛然；中轴线上，依次是山门、大雄宝殿和毗卢阁；大雄宝殿四面为池，以拱桥相联；两边厢房为念佛堂、药树堂和僧房；还有地藏殿、藏经楼等。寺前山口处有一座额首为颜真卿手书“祖关”二字的石雕牌坊，后面山上有纪念行思禅师的七祖塔，均为青原名胜。

净居寺山门

青原山还是一座驰名四海的文化名山，素有“儒佛辐辏，荆杏交参”之誉。从待月桥过去，便是阳明书院。明正德年间（1506–1521年），庐陵知县王阳明信奉“心学”，在青原山讲学传道；此后，王守仁每年春、秋两季在青原山举办讲会，倡导良知之学，八方学者云集于此，这里成为当时全国讲会的中心之一，阳明书院也被誉为“东南邹鲁、西江杏坛”。明万历年间，吉安九县学者在净居寺北侧设置会馆，后因讲学规模庞大，影响了净居寺正常的佛事活动，王门弟子邹元标等人倡议，建青原会馆于翠屏山之阳。由于会馆年久失修，清道光十九年（1839年），吉安知府鹿春如在今址倡建阳明书院。光绪年间废除科举，书院停课。1938年秋至1944年冬，阳明书院曾为国立第十三中学高中部和第36后方医院，中华人民共和国成立后为青原山康复医院。

青原山风景秀丽。由于森林面积大、植物种类多，中华人民共和国成立初期这里就设立了吉安林业科学研究所。研究所里浓荫蔽日，鸟语花香，又紧邻裤脚塘水库和山塘水库，湖光山色，交相辉映，成了一个吸引游客的重要景点。而从净居寺前溯青原溪而上，钓鱼台水库碧波荡漾，游船如织，加上四周青山绿水、亭台楼阁的衬托，真可谓是人间仙境，如今这里已建成青原山游乐场。继续前行还有木鱼堆、仙人写字、猴子望月、观音坐莲等景点，它们都形态逼真，情趣盎然。

从游乐场旁或青原溪边拾级而上，便到了净居寺后山的山巅，这里有一座“望林楼”，它是为防止森林火灾而建的。楼高 10 余米，上下三层，呈六角形，远远望去，好像一座宝塔。站在望林楼最高层的回廊上眺望四周，但见林海茫茫，山峦起伏，周围的虎形岭、象鼻山更是惟妙惟肖，呼之欲出，加上青原山的潭、泉、溪、峡有 35 处之多，真是令人流连忘返。

山由人兴，人由山名。自唐朝至今，历代名人来青原山游览名胜、探奇访古、讲学授徒、读书励志者不计其数。唐代大书法家颜真卿；宋代诗人黄庭坚、杨万里，宰相李纲，学士胡铨，丞相周必大，民族英雄文天祥；明代大学士解缙、杨士奇，理学家王阳明、邹元标，地理学家罗洪先、徐霞客，以及学者方以智、施闰章等，都在青原山留下了珍贵的墨宝或脍炙人口的诗文，仅《青原山志》中就收集了 500 多篇文章。其中颜真卿的“祖关”字碑、黄庭坚诗碑、李纲诗碑和文天祥书写的“青原山”匾额，成为青原山著名的墨迹四宝。1930 年，“十万工农”攻下吉安后，毛泽东、朱德、彭德怀等老一辈无产阶级革命家也在青原山留下过光辉的足迹。

8. 玉笥山

在星罗棋布的江西道观中，位于吉安市峡江县境内的玉笥山格外引人瞩目。江西丰城人氏、元代大学者揭傒斯曾写道：“天下称大名山在大江之西者三，曰匡庐，曰阁皂，曰玉笥；玉笥又为天下绝境。”（《玉笥山万寿承天宫碑》）

玉笥山为何成了天下绝境？论风光、论人文都应愧比庐山。原来按道教的说法，玉笥山是“太秀、法乐”之洞天，又是“郁木”之福地，“兼有洞天福地之重”，所以在道家“联络图”上其分量便显得特别重了。玉笥山自秦代以来，历为方士、道士修真炼丹之所，后经唐、宋、元不断增扩，声名日隆，进山学道者如过江之鲫，道徒多时达 500 余人。唐代杜光庭在《洞天福地记》中把它列为“第十七法乐洞天”、“第七郁木福地”，是中国南方著名的道教圣地。近年又出土了大量有关道教的珍贵文物，揭示出这里丰厚的道教文化内涵。

玉笥山原名群玉山，因为北山遍地都是青黄红白黑五色石，故称“群玉”。山方圆 40 平方公里，峰峦连绵不绝，以峰奇、石怪、洞异、水好四大特色而著称。自北向南有覆箱、太白、元阳、送仙等三十二峰。三十二峰排布成一矩形，恰似一箱，皆如削玉染黛、凌云摩霄。山上怪石林立，进入其中，仿若走进了一座巨大无边的石头雕塑园，奇形怪状的石块，或大或小，竞相模拟着自然万物，有“神柱支天”、“虹桥飞架”、“鹤舞迎客”、“寿龟伏地”、“骆驼向月”等景点。山脚有紫霄、仙人、温涧、泰、鹤、龟等六石，或钟灵毓秀，或突兀奇峭，或虎踞龙盘，形态各异、呈奇献巧；六石间距不足 200 米，属石灰溶岩地形。玉笥山中溶洞别异、曲折幽深、迂回错落、引人入胜。其中已经探明的溶洞有犬秀洞、郁洞、元龟洞、归去洞、白云洞、何君洞等。玉笥山水以仙人泉最为著名。仙人泉泉眼深不可测，泉水清可鉴发，冬温夏凉，其味香冽，不下无锡惠山泉。各溪流在玉笥山西麓合流汇成“玉涧水”，夺山而出，直奔赣江，其势如白虹贯，锐不可当。难怪黄庭坚写道：“山韵江深屋翠崖，夜钟声自瓮中来。长松堰蹇苍龙卧，六月涧泉轰怒雷。”（《双涧寺》）

玉笥山极盛时有两宫、二十一观、三十六坛、十二台、九亭、六宅、三庵、两祠、三园、两桥、一阁、一池，可惜大部分毁于兵火，后世屡兴屡废，至今仅存一祠（云腾飚驭祠）、一阁（环玉阁）、两桥（百花桥、宫门桥）。

云腾飚驭祠俗称南祠，始建于唐天宝六年（747 年），初名“云储寺”。相传唐贞观年间，吉州刺史吴云储辞官后带全家在此修身炼道，道成举家飞升。宋朝真宗皇帝赐给该祠一块匾额“云腾飚驭”，祠名遂沿用至今。现南祠是峡江县何君村委集资出劳，

玉笥山

在旧址上重修的。山门上“玉笥名山”四个大字赫然可见，气势不凡。祠内前有正殿，后有四大金刚殿，左是观音殿，右是先觉楼。先觉楼又叫“祈梦楼”，是玉笥山的重要景观，供奉的是睡仙华山老祖陈抟睡相。陈抟，生于唐末宋初，是中国太极文化创始人，宋代理学奠基人之一。相传求梦之人，若真心诚意，夜卧祈梦楼，必有梦相托，颇为灵验，为玉笥山一大奇迹。名流骚客，达官贵人，商贾工农，无不祈梦于此，“每岁入秋特甚，至有不容寝之时”，可见求梦者之多。据说明代吉水才子罗洪先[①]曾祈梦于此，夜里人多住不下，他独自一人在百花亭内游走通宵。是夜，山上梦者均得神告：“百花亭上状元游。”后罗洪先果一举夺魁。二十年后，罗洪先在百花亭上留下绝句一首：“黄叶铺阶枕碧溪，白云深处不闻鸡。廿年尘土俱闲梦，肯受山灵幻境迷。”

南祠门前有座建于宋代的百花古桥，长 7 米，宽 24 米，为全省最大的隧道式石拱桥，桥身由花岗石错缝砌就，无梁无柱，无灰无浆，历经近千年沧桑，至今仍坚固如初，雄风依旧。建于宋景定年间的宫门桥，秀姿未减，为省内少见的宋代营造式。始建于宋代的环玉阁，因六石环立而得名。此阁倚山而筑，依岩而立，红墙碧瓦，悬梁飞檐。阁后是仙人石上仙人桥，阁前有仙人泉，真是“环阁奇石福地起，玉井仙水洞天生”。

玉笥山集自然胜景与人文奇趣于一身，有许多与道教有关的神话传说和故事，如“九仙飞天”、“天降玉笥”等。相传汉武帝南巡时，路过此山，见天降白玉笥在太白峰，武帝命人去取时，风雨突降，席卷玉笥而去，玉笥山因此得名。

自古以来，玉笥山就是远近闻名的游览胜地，自唐至今，题咏玉笥山的诗文词赋灿若星河。其中作者不乏名流之辈，诸如唐代方千，南唐徐铉，宋代黄庭坚、朱熹、刘弇，元代危素，明代解缙、金幼孜[②]、罗洪先、王阳明、胡俨，清代查慎行等。玉笥山文学的代表作是被誉为“玉笥双璧”的一歌一赋，即元代揭傒斯的《玉笥山歌》和明代金幼孜的《玉笥山赋》。当代辞赋家山东临清金学孟曾游览峡江玉笥山，其后创作一篇《玉笥山记》，对“石、泉、洞、物”分别进行描写论述，是了解峡江玉笥山的重要文献。其文开头写道：“此谓玉笥山者，非屈子祠之所在，乃江西之群玉山焉。”开篇即指出峡江玉笥山非屈子祠所在的汨罗玉笥山。

---

① 罗洪先（1504–1564 年），字达夫，号念庵，明代江西吉水人，嘉靖八年（1529 年）己丑科殿试第一名，并授翰林院修撰。主要成就在理学和地图学方面，在文学方面也有一定的造诣，尤以地图学贡献卓著。他精心绘制的两卷《广屿图》是我国历史上最早的分省地图集，是名副其实的中国地图第一人。

② 金幼孜，名善，新淦人。建文二年（1400 年）进士。授户科给事中。成祖即位，改翰林检讨，与解缙等同直文渊阁，迁侍讲。

1993 年 2 月 4 日，经江西省林业厅批准，玉笥山成为吉安市首批省级森林公园；1995 年 7 月 11 日，玉笥山被江西省人民政府正式确定为省级重点风景名胜区；2008 年 3 月，对玉笥山进行了全面旅游开发。

【拓展阅读】

道教文化简介

道教是中国唯一的土生土长的宗教，起源于先秦时期的道家[①]，在东汉晚期逐渐形成，奉老子[②]为教祖和最高天神，称其为“太上老君”。道教集中国古代文化思想之大成，以道学、仙学、神学和教学为主干，同时承袭了中国古代社会巫术和求仙方术，并融入医学、数理、文学、天文、地理、阴阳五行等学问。道教以“道”为最高信仰。以《道德经》为主要经典，认为天地万物都由“道”而派生，即所谓“一生二，二生三，三生万物”，社会人生都应法“道”而行，最后回归自然。道教主张“重人贵生”，讲求长生不老，画符驱鬼。道教主要有全真派和正一派，全真派道士、道姑必须素食、独身、住庙。

道教文化是中国传统文化的重要组成部分，长久作用于民族文化心理、风俗习惯、科学技术（如火药的发明和中医药理论的形成都与道教有关）及社会政治经济生活的广泛领域。道家对中国文化的贡献比起儒家更为重要，只是在政治思想上“儒”为表象，“道”为实质，以致世人忽视而已。而道家在理论能力上的深厚度与辩证性，则为中国哲学思想中所有其他传统提供了创造力的泉源。至于道家文化在中国音乐、绘画、文学、雕刻等各方面的影响，则是占据绝对性的优势主导地位，即使说中国艺术的表现即为道家艺术的表现亦不为过。

道教思想之所以在中国存在了两千多年，就是因为它的主张符合人们热爱和平、向往自由的美好愿望。它对人类要求的行为规范，符合历代统治者的意愿，对于稳

① 道家，先秦时期的一个思想派别，以老子、庄子、杨朱为主要代表。道家的思想崇尚自然，有辩证法的因素和无神论的倾向，同时主张清静无为，反对斗争。

② 老子是我国古代的一位伟大的思想家，他所撰述的《道德经》开了我国古代哲学思想的先河。他的哲学思想和由他创立的道教学派，不但对我国古代思想文化的发展做出了重要贡献，而且在 14 世纪时传入了欧洲，对欧洲古代文化和思想也有深远的影响。

定社会、发展生产有着现实意义和深远的影响。在当今构建社会主义和谐社会中，利用道教的教理教义来平和人们心态，指导人与人之间如何相处，怎样融合于社会，不争权夺利，自强不息，建设美好家园有着不可替代的作用，它的思想对稳定社会，有着积极作用。

9. 吉州窑

中国是瓷器的故乡，中国发展史中的一个重要组成部分是陶瓷发展史，在英文中“瓷器”（china）一词已成为“中国”的代名词。中国古代十大历史名窑包括官窑、哥窑、钧窑、定窑、越窑、汝窑、磁州窑、吉州窑、耀州窑和龙泉窑。吉州窑在中国陶瓷史上占有十分重要的地位，为推动中国古代瓷业生产、积累制作技艺做出了巨大成就。据《景德镇陶录》记载：“江西窑器，唐在洪州，宋时出吉州”，“先有吉州，后有饶州（景德镇）”，“今景德镇陶工故多永和人”。吉州窑陶工对景德镇瓷业烧造技术的提高，起了很大的促进作用。吉州古窑遗址，位于江西省吉安市吉安县永和镇，隋至宋，吉安称吉州，故称“吉州窑”；因当时永和又为东昌县治，故又名东昌窑、永和窑。

吉州窑是我国极负盛誉的综合性窑场。吉州窑始建于晚唐，兴于五代、北宋，极盛于南宋，衰于元末，距今已有1200多年的历史。吉州窑是中国现有保存完好的古代名窑遗址之一，分布面积8平方公里，最大的窑包高20多米。吉州窑遗址现有废窑24处，

吉州窑遗址公园

即窑岭、茅庵岭、牛牯岭、后背岭、窑门岭、官家塘岭、屋后岭、猪婆石岭、蒋家岭、七眼塘岭、松树岭、曹门岭、乱葬戈岭、尹家山岭、本觉寺岭、上蒋岭、讲经台岭、曾家岭、斜家岭、枫树岭、拓树岭、自家岭、天足岭、下瓦窑岭等。24座古窑包如岗似岭，星罗棋布；一条条用匣钵和窑砖砌成各种图案花纹的长街古道纵横交错；瓷片和窑具遍地可见，俯拾皆是。据《东昌志》记载：永和镇至五代时，民聚其地，耕且陶焉。到宋时，瓷业兴旺，辟坊巷街三市、锦绣铺有几千户，百尺层楼万余家，连殿峻宇，呈现出“民物繁庶，舟车辐辏”的繁荣景象，永和镇与湖北汉口镇、广东佛山镇并称宋代三大名镇。

吉州窑是汉族传统制瓷工艺中的珍品，作为江南地区（江西吉安）一座举世闻名的综合性瓷窑，它具有浓厚的地方风格与汉民族艺术特色。吉州窑丰富的烧瓷经验和名工巧匠对江西地区瓷业的发展提高，曾起过相当重要的促进作用。所产瓷器种类繁多，已发现的瓷型有120余种。吉州窑瓷器种类繁多，纹样装饰丰富多彩。按胎釉可分为青釉、黑釉、乳白釉、白釉彩绘和绿釉等类。在装饰技法上采用洒釉、剪纸、贴花、剔花、印花、彩绘、划花和堆塑等，变幻无穷，在瓷器的实用性与艺术性上得到统一。吉州窑产品精美丰富，尤以黑釉瓷（亦称天目釉瓷）产品著称，是全国古代黑釉瓷生产中心之一。吉州窑瓷器地方特色浓郁，其中以黑釉瓷器上特有的装饰风格著称于世，除剪纸贴花外，还有木叶贴花、剔花、玳瑁釉、鹧鸪斑釉等装饰手法，皆惟妙惟肖。其“木叶天目”和“剪纸贴花天目”饮誉中外，列为国宝。宋徽宗用吉州窑造烧的茶具品茶时，评论道：“盏色以青黑为贵，兔毫为上。”

吉州窑剪纸贴花天目

吉州窑木叶天目

吉州窑陶瓷在中国宋元时期是重要的商

品之一，它为促进中国和世界各国的贸易往来和文化交流作出了重大贡献。世界各地的很多博物馆和收藏家都藏有吉州窑的名贵产品。1975 年，在东京博物馆举办日本出土的中国陶瓷展览，吉州窑的兔毫斑、鹧鸪斑和玳瑁斑成为传世珍品，日本国珍藏的剪纸贴花盏被誉为国宝。1976 年，在新安海域发现一艘开往朝鲜、日本的中国元代沉船，从沉船中打捞出 1.5 万余件中国的古陶瓷，不少属吉州窑烧制。韩国中央博物馆陈列的 42 件吉州窑瓷器被视为稀世珍品。大英博物馆所藏的吉州窑产凤首白瓷瓶堪称瓷中尤物，木叶天目盏则被列为国宝。

1982 年和 1984 年，在吉州窑遗址上相继建立"吉州窑古陶瓷研究所"和"吉州窑瓷厂"，研制和生产各种仿古瓷，行销国内外。自 1982 年成立了"吉州窑古陶瓷研究所"和"吉州陶瓷厂"后，吉州窑的名贵产品逐步得到恢复，有的仿古瓷、陈设瓷相继进入美、英、法、日等国。

2001 年，吉州窑被列为全国重点文物保护单位，并准备申报世界文化遗产。吉安县把"保护和开发吉州窑"列入 2004 年该县 21 件大事之一，将其建设成为赣中历史文化名镇名窑游览区，让更多人一睹千年古窑的风采。一条条用阻坛和窑砖铺成各种图案的长街古巷，纵横交错，依旧保留了古瓷城的风貌。古窑遗址上，有一座宋代本觉寺塔，塔高 25 米，六面九层，巍然耸立，与古朴的窑包和仿古园林式厂房交相辉映。

10. 大洋洲

大洋洲是江西省吉安市新干县下辖的一个镇，位于江西省赣中地区，赣江中游。在大洋洲程家村附近有一片空旷的沙地，在这个沙地上，曾经有三个高大的沙堆。这里世世代代流传着一个无头无尾的故事：不知哪朝哪代，几个富商大贾或王公贵族，择冢葬此，并在沙洲中埋下了九缸十八瓮的金银财宝，每一座墓都有高耸的封土堆，所以很早以前这里就有好几个大土包，一个土包就像一把雨伞，后来只剩下三把半了，"三把半伞"的传说也便流传下来。可当时谁也不曾将这个传说同沙堆联系起来。随着村民们不断取土维护赣江大堤，忽然有一天村民挖沙的铁铲无意中搅动了静卧此地三千余年的遗物，随之揭开了这些高大沙堆的神秘面纱。

1989 年的秋天，中国江西省新干县大洋洲镇上聚集了很多位考古专家，因为不久前他们接到消息，这里的农民在取沙修坝的过程中竟挖出了青铜器。当地相关部门立即对这些青铜器采取了保护措施，并派出考古工作者到发现青铜器的新干县大洋洲进行发掘工作。虽然这些考古专家都是常年跟文物打交道的，但经过简单的发掘工作之后，眼前的情景还是让他们感到非常震惊。沙堆之下是一个长方形的大土坑，而就在这 30 平方米的范围内，既然出土了 1300 多件文物，其中青铜器 475 件、玉器 754 件、陶瓷器 139 件。青铜器尤为引人注目，其数量之大、造型之奇、纹饰之美、铸工之精，堪称江南商墓之冠，就是在全国也是罕见的。这些青铜器中不仅有蒸煮食物用的食器，精美独特的青铜兵器、乐器，甚至还有不少花纹繁复的青铜农具、手工器具。这不大的土坑简直是一个青铜器的王国。下面就新干大洋洲出土的具有代表性的青铜器型做简单的介绍。

青铜食器——甗

兽面纹鹿耳四足青铜甗(yǎn)。通高 105 厘米，重 78.5 千克，是最大的青铜甗，有“甗王”之誉。此甗，甑鬲（zèng lì）连体，鬲裆高，下四足。耳上各立一鹿，一雄一雌，回首相顾。鹿竖角，短尾卷，身披鳞片。甑腹饰四组展体的兽面纹。鬲足袋满饰浮雕兽面纹。它体形巨大，气势雄浑，奇美诡异，稳定性良好。

兽面纹鹿耳四足青铜甗

青铜食器——鼎

卧虎耳青铜大方鼎

卧虎耳青铜大方鼎。通高 97 厘米，重 49 千克。腹上部宽纹带一周，线条疏细。每壁正中兽面纹，相邻两壁以角隅为轴饰省体兽面，两侧和下边乳丁纹带。足饰高浮雕羊角兽面。耳上各伏卧一虎。

它是大洋洲出土的最大青铜鼎，铸造技术高超，铸型共用范、芯 26 块，壁薄规整，结合特殊。在它身上，中国青铜铸造工艺中分铸和浑铸技术结合得尽善尽美，表现得淋漓尽致。

兽面纹柱足青铜鼎

兽面纹柱足青铜鼎。通高 70.2 厘米，重 13.6 千克，圆鼎最大者。商代饪食器中的一种。该鼎立有双耳，鼎腹部铸饰三组兽面纹，每组均用突起的扉棱作为兽鼻，鼻两侧是怒睁的双目。商代龙虎耳青铜扁足鼎以云雷纹加以间隔，扁足为夔龙状，足部形体大大减轻青铜器皿的沉闷之感。主体纹饰为兽面纹及夔龙纹。夔龙是近似龙的一种动物，一脚一足，口张开，尾上卷，呈跃跃欲动之势，象征的是雄性的刚毅威猛。

兽面纹是青铜饮食器具中较为常见的一种纹饰，象征一种传说中凶猛的恶兽，兽面纹是纹饰的主题，不仅具有装饰的意义，而且是有意味的符号，表达着特定的宗法性的内容，目的是对异族恐吓震慑，对本族人民保护庇佑。

商兽面纹虎耳虎形扁足鼎

商兽面纹虎耳虎形扁足鼎。通高 44.5 厘米，重 13.1 千克。其鼎腹由三组兽面纹相连而成。兽面纹高扉棱鼻，乳丁突出，尾上卷。耳外侧二条展体龙纹首向上；立耳伏虎，呈静卧状，四肢曲伏，尾垂端卷。该器虎头硕大，口嘴大张，三角利齿，双目浮凸，大耳耸出；扁足虎形，口嘴张开，咬合腹下，前部首身和内侧四肢较为形象，背上和尾部变形，头出角，背生戟，尾卷曲，身饰雷纹，尾布鳞片。

兽面纹柱足圆鼎。通高70厘米。斜折沿，口敛，方唇，梯形立耳，耳外侧有凹槽，深腹，腹壁较直，圆底，柱足中空，足底微鼓。腹壁上部饰三组兽面纹带。兽面纹展体式，圆乳钉突目，低鼻。每组间以两组勾戟状扉棱间隔，单尾上卷。足跟外侧饰外卷角省体式兽面纹，"臣"字目，勾戟状扉棱在一条直线上。

兽面纹柱足圆鼎

青铜水器——罍

兽面纹羊首青铜罍

兽面纹羊首青铜罍（léi）。通高60.5厘米，重35.5千克。此罍铸工精致，气魄宏大，腹部高浮雕兽面纹，肩部四组兽面纹，间置高浮雕羊首，突出于肩外。羊首大角外卷，臣字突目，扉棱长鼻，螺旋状的凸鼻孔。腹部四组高浮雕兽面纹，曲折角、宽鼻棱、双圆目和分解肢体。青铜罍是一种大型盛酒器，用于重大的祭祀和宴飨场合。

四、青铜兵器

商嵌红铜云纹青铜钺。通高36.5厘米、刃宽36.3厘米，重11.4千克，器体特别厚重。钺体的中央镂出大口，上下各排列双行利齿，上5下6共22枚（残失6枚），分别突出两面。上边和两侧饰云纹，纹中宽凹线中嵌满红铜（现大部腐蚀丧失）。它是我国现存最早采用错金属工艺的商代器物之一。

商嵌红铜云纹青铜钺

商双系带銎（qióng）**青铜钺**。通长14.2厘米，刃宽8.7厘米，肩厚0.5厘米，重205克。其上为扁圆管状銎，延至体上部，口周沿加厚。体扁近长方，两侧渐外张，下弧刃最宽，若折肩小铲。侧上左右各突出一耳，耳中镂空作系。体大部饰云纹图案，下方省体兽面，有目、鼻和角，上方兽面简略，目可辨，以銎代鼻。銎管两面饰蕉叶形纹，内有卷云纹，中轴为鱼形几何纹。器表乌黑光亮，刃锐如故。这种直銎钺极为少见，形体很小，纹饰精美，多用作礼器。

商双系带銎青铜钺

商兽面纹青铜胄。通高 18.7 厘米，口径 21 厘米 ×18.6 厘米，重 2.21 千克。其形圆帽，中空，缘平。高浮雕兽面纹，粗大单角外卷，长方圆目横置，卷云状耳竖立，内卷鼻口居中。边沿增厚一周，前面开口收进，如兽面之横口。自前至后正中凸脊，顶上伸出一截小圆管，用以安插缨饰。侧边各有一小孔，以穿绳系胄固于颌下。顶侧兽角旁各有一小洞，用作透气。

商兽面纹青铜胄

胄的设计既要考虑防护功能，特别是战斗中兵器的种类和杀伤的方式，也要兼顾外表美观和舒适度。此胄戴之威武英俊，轻便舒适，乃兵器珍品。

青铜酒器——卣

在新干大洋洲出土的青铜容器中，绝大多数是饪食器，酒器只占了很小的比例，并且只有盛酒器与注酒器，而不见饮酒器。这与中原出土的青铜器中酒器占大部分的情况形成了巨大的反差。

商提梁方腹青铜卣

商提梁方腹青铜卣（yǒu）。通高 28 厘米，重 2.3 千克。该件器物器形别致，上圆颈，中方腹，下圈足。两侧肩钮连系扁平半环形提梁。腹立面横置长方形，截面正方，方形空槽穿通各面中央，水平面呈“十”形。全器满饰纹：口沿下共目夔纹；颈部二层兽面纹；肩部环柱角兽面纹；方腹以槽口为中，分为内外两层，槽口上下的内外四层皆以正中轴分布兽面纹，两侧的内外分布纵向四条共目夔纹。提梁表面层层鳞片，两端高浮凸兽首朝上，双角内卷，圆目特凸，张口露出三角形齿，如衔咬宽扁提梁。一条“S”形蟠蛇联系盖和钮，蛇头口咬一环，环中孔洞以插销（残失）与盖连接。蛇尾勾于提梁的环系。矮圈足镂出花纹。

商三足提梁青铜卣

方卣不仅纹饰纤细精美，而且器形特别，功能新奇。盛酒之卣坐于热水之中，腹的槽孔扩大了冷酒与热水接触的面积，酒温提高加速。它是目前所知最早的专用水热温酒器。

商三足提梁青铜卣。通高 38.5 厘米，口径 10.4~10.9 厘米。现藏于江西省博物馆。该卣器身饰羽脊状立刀纹，背脊处饰羽状蕉叶纹，腹部纹饰有典型的分尾，系足四点配列。

青铜礼器

青铜礼器是礼仪制度的物化，成为身份、地位和权力的标志，尤其是那些形制特殊、体大量重的青铜“重器”。大洋洲的青铜“重器”气势恢宏。

伏鸟双尾铜卧虎。以虎的形象为主题图案是新干大洋洲出土青铜器独特的装饰特点。虎或以立体的形式出现于青铜容器的耳部；或简化为虎头兽面纹饰于器物腹部；或变形为虎足支撑铜鼎。这只双尾虎是新干商代大墓的象征性器物，它长近1米，高约半米。虎看上去更像一只大猫，不仅不凶恶，还十分可爱，虎背上伏着一只小鸟，而且这只老虎还有两条平行并列的尾巴。

伏鸟双尾铜卧虎

双面神人青铜头像

双面神人青铜头像。通高53厘米，重4.1千克，中空扁体，两面对称。人首造型，面呈倒置等腰梯形，额宽，顶圆，边直，颌方。眼眶窝凹，眼球突出，内开大孔。鼻梁修长，翼肥蒜状，两孔较小。嘴张齿露，中牙铲形，侧牙钩卷。上竖方管，下接圆銎，旁安二耳，顶插双角。

商代巫风盛炽。巫师的职责乃贯通天地，上天见神，使神降地。头像前后两面完全对称，一幅神秘诡异、威严慑人的面容。它半人半神，正与通行于人神之间的巫师身份符合。顶上圆管插羽冠，下部方銎安装木柄，管銎相通。上管圆、下銎方的造型和古人天圆地方的理念正合。这些都寓含其贯通天地之功能。

这个头像的造型与四川广汉三星堆祭祀坑出土的数十件青铜面具有相似之处，但它是以双面的人首作为整个器物的造型的。

羊角青铜兽面。高16.5厘米，560克，薄体面具，浇铸成形，浮雕造型。额顶一对粗大羊角，外翻卷曲。

羊角青铜兽面

脸庞窄狭，臣字眶目，大眼圆睁，十分突出。鼻低微隆，两翼宽阔，似见鼻孔，面无下颌。薄壁轻盈，眼实不透，不见孔洞，亦无銎管，无法系戴或固定，只能手持遮面。

巫师本为常人，通神之事，非人可为，凭借面具改头换面，似神才能近神通神。现今江西农村每逢年节罩套面具，群跳傩舞，驱邪逐疫，祈求丰年习俗的文化渊源可追溯至此。

青铜乐器

商牛首纹立鸟镈（bó）。通高 31.6 厘米，重 12.6 千克。中空，扁圆，开口。前后满纹，纹样繁缛，三层花纹。主题浮雕的牛首纹，面居正下，圆双目，低平鼻，螺旋孔，三角耳。一对内弧的牛角合抱鱼形几何纹环绕的涡纹。分解的四肢布于两侧和上方。整面纹样以鱼形几何纹为框。前后面交和的两栾扉棱有 8 个“C”形的勾突，栾上各伏一鸟（残一鸟）。

商牛首纹立鸟镈

连珠地兽面纹铙

连珠地兽面纹铙。两面饰兽面纹，突出双目，兽面由细密的勾连卷云纹组成，地纹为连珠纹。鼓部也饰小型兽面纹，舞部有卷云纹。柄中空，与内腔相连。

此前，江西地处偏中原地区的长江以南的赣鄱流域，一度被史学家误认为蛮荒之地。直到新干大洋洲青铜器惊艳亮相，世人才知道 3000 多年前的江西，早已是一方生机勃发的热土。当我们端详一件件有数千年历史的青铜器时，看到的还有来自那个时代先民的生活片段，一个沉睡的青铜时代。

11. 高士山

高士山位于江西省吉安市永新县东南部的坳南乡牛田村，在永新县最东隅，与泰和、井冈山毗邻。海拔 651.1 米，要攀爬三千多个台阶，方能登顶。

高士名山

高士山原名鸣谷山。鸣谷山，顾名思义，山谷深邃，颇具灵性，能传出响亮回音，乃山鸣谷应之意，是我国古代360座道教名山之一，也是一座集道教、佛教和儒教三教合一的千年名山。山顶建有高士坛庵，正殿为佛教的“集真宝殿”和“观音大士阁”，右为道教的“万寿宫”，均气势恢宏。高士山的香火千年不断，朝拜者遍布湘赣两省八县市。

北宋时期，著名诗人黄庭坚任泰和县令时，访高士山儒士尹安仁，与其饮酒作诗，留下了“山以高而秀，名因士乃传”的诗句，遂将鸣谷山改为高士山。如今遗址尚存，风景依旧，只是香火缭绕，古人不再。

宋尹高士遗址

高士山以“山青、水碧、石奇、林茂、史悠”而独具特色，是一处景色雅致的幽谷山林、天然氧吧。登顶途中，沿路两边都是茂密的树林，碧草萋萋，古木葱茏。时有山雀鸣叫于丛林之中，蛙鼓奏响于山涧之间。峰回路转，心旷神怡。登山者偶尔一展歌喉，高唱一曲，幽静深远的山谷，便荡漾起清亮浑厚的回声。在高士山的第二道天门处有一个砖瓦亭子，介绍了高士山的来历。天门石坊额匾为“宋尹高士遗址”，楹联为“山以高而秀，名因士乃传”，系北宋大诗人黄庭坚（山谷）所书。黄山谷任太和（今泰和）县令时，访高士山，结识儒士尹安仁，并为“安仁读书处”写一楹联：“书读秦汉三代以上，人在廉让二水之间。”

穿过亭子后，山道两边都是亭亭玉立的翠竹，有一淙淙溪水从山顶流下，落差处有清澈见底的小潭。森林茂密处，时而传来斑鸠的鸣唱，还有野猪的低吼声，足见生态保护得很好。山路拐几道弯后，隐约看到了寺庙凌空的红屋檐，已经进入了第三道天门了。十余分钟后，来到了高士山顶，正面是古老的道观，左边是原始的隐士读书堂。庙宇很小，读书堂也只是一间普通的民间屋舍。山上的自然风光令人心情愉悦。登上山顶，立山顶远眺，山峦层叠，风光绮丽。有的好像玲珑的盆景，有的恰似奔腾的骏马，有的恍若裙裾飘飘、风姿绰约的仙女，有的宛如低头作沉思状的古代书生。还有清秀的流泉，更有婀娜多姿的林海。随处可见的劲松挺立着，时作款款细语，时作激动呼啸。高士坛庵周围的古榕和香樟林凝聚着山的伟岸，颤动着力的韵律；铺天盖地的翠竹则形成一片绿波荡漾的大海，偶有白鹭、云雀等鸟类在竹林里翩飞啼鸣。此时如临仙境，内心虔诚平静，如沐春风，如饮甘醇，感受到高士山历史文化的源远流长与博大精深，身心仿佛生出双翼，翱翔于山川大地之间，优哉游哉，无比惬意。

在庙宇四周的绿雾中游转，不难发现还有一座草木掩映的红军坟。墓碑上介绍，此处安葬的是一位无名的红军战士，当年因掩护百姓转移而牺牲。此时，在感受高士山缭绕仙气的同时，也感受到了一股不屈灵魂的浩然正气，领悟了“青山处处埋忠骨”的含义。

12. 西阳宫

江西省永丰县沙溪镇，群山环抱，绿树成荫。距镇约 1 公里的磨盘山麓、泷冈河畔有一建筑名叫西阳宫。

西阳宫的院墙乳白洁净，静谧安宁。门坊上方，飞檐琉瓦，“西阳宫”几个字刚劲有力地镶嵌在门楣上，特别引人注目。门坊背面则刻着“柱国冢宰”四个刚劲大字，让人顿感崇敬之意。据传“西阳宫”三字为康熙御笔，而“柱国冢宰”四字则是民族英雄文天祥的墨宝。

是谁竟能让康熙留下御笔？是谁赢得了赫赫文天祥的敬仰？他就是被誉为“功名事业三朝相，道德文章百世师”的唐宋八大家之一的欧阳修。

欧阳修（1007–1072 年），字永叔，号醉翁、六一居士，江西永丰沙溪人，北宋负有盛名的政治家、文学家。因吉州原属庐陵郡，常以“庐陵欧阳修”自居。官至翰林学士、枢密副使、参知政事，谥号文忠，世称欧阳文忠公。

西阳宫

欧阳修不仅是欧阳家族的骄傲，更是沙溪百姓的自豪。人们为纪念这位大名人及其父母，先后修建了文忠公祠堂、《泷冈阡表》碑亭、泷冈书院、文儒书堂、画荻楼、道德讲堂等建筑。这些建筑群统称为西阳宫。

西阳宫是一座三殿并列的古建筑群，颇具江南民居特色。欧阳修母亲去世后，他从河南颍州将其母的灵柩，运回了故乡沙溪，与其早年去世的父亲安葬在一起。他本想在故乡多住一段时间，但因其岳母去世，只好又匆匆北上祭悼。离乡时，他尚未修建父母的坟院，本以为很快就能回乡办理此事，但这一去，就再也没有回过故乡了。于是，他只好委托家乡的亲友修建一个道观，请道士祭奠亡灵和洒扫墓地。但在动工挖墙基时，却挖出了一口大钟，上有“唐贞观己丑西阳观钟”之字，发现这里早先就有个“西阳观”。刚开始，欧阳修想沿用原名，但因其父名为“欧阳观”，为避讳而弃之。他的好友、同朝大臣韩琦说，道家的宫、观之名相近，就叫“宫”吧。而“宫”是帝王的住所，不能随意安名，经奏请皇帝后改“西阳观”为“西阳宫”。从此，西阳宫就成了欧阳修父母的坟院。宋元两代屡经修葺，南宋大诗人杨万里、明代大思想家吴澄先后撰写了《西阳宫记》。清入关后，西阳宫遭到毁坏。乾隆十一年（1746 年）及嘉庆二十三年（1818 年）先后重建、修葺。由于年代久远，除文忠公祠堂、《泷冈阡表》碑亭、门坊等建筑保存较好外，其余均已坍毁。

西阳宫前面有一座高大的圆形拱门，门顶上方书有赫然醒目的“西阳宫”三个大字。右侧是泷冈书院，左侧是欧阳文忠公祠和《泷冈阡表》碑亭。进门后，一对方石柱上刻有一副对联：“亮节失青春，叹离莺苦唱，别鹄凄吟，五夜怆神深渗澹；恩伦褒丹陛，忆弋雁失群，丸熊课读，卅年回首尚辛酸。”这是对欧阳修母亲郑氏夫人自誓守节、教子成材的赞美。欧阳修 4 岁丧父，家境贫寒，其母用荻管在沙盘上教其读书习字，使之成为名家。“画荻教子”已成为千古流传的佳话，欧阳修的母亲也成为中国古代四大贤母之一。后人曾在宫内兴建了一幢“画荻楼”，以昭示后辈。由于年久失修，早已圮毁。

西阳宫内景

欧阳文忠公祠与拱门相对，为递进式双厅结构，雕龙画栋，飞檐流翠，朱柱生辉，气势壮观。这是为纪念欧公及其父崇国公的祠堂，它与西阳宫门坊在同一中轴线上，创建于南宋淳熙年间，祠内有一口天井。这座古祠后经多次维修，现存清乾隆、嘉庆重修祠。欧阳文忠公祠入门的上头有两块匾额，其一“欧阳文忠公祠”，其二“大川乔岳”。在唐宋八大家中，欧阳修在宋代处于领袖地位，善于奖掖后学，对“三苏”、王安石和曾巩在文学上均有引领和提携作用。欧阳修病逝后，王安石和苏轼分别撰写《祭欧阳文忠公》，以总结、评论、赞美欧阳修一生的人品功业。这“大川乔岳”四字出自于苏轼《祭欧阳文忠公》中的名句，把欧阳修比作高山大川，足见欧阳修在苏轼心目中的地位。

《泷冈阡表》碑亭是富有民族特色的双层楼阁，布局匀称，结构精巧，古色古香。正中竖立着一块巨大的碑石，高逾两米，宽近一百厘米，厚二十几厘米，重达千斤，通体为墨绿色。据介绍，这个碑石就是当时的原物，除个别地方有脱落的现象，大部分完好无损，正面刻着《泷冈阡表》，背面刻着《欧阳氏世系表》，碑文《泷冈阡表》为欧阳修亲自撰文手书，均为正楷、阴文、直书，字体端庄稳重，雄健有力。这是欧阳修任山东青州太守时护送母亲郑氏灵柩归葬故里时，从青州带回来的，至今有近千年，是欧阳修为追怀父母的养育之恩，写下的一部“动人悲戚、增人涕泪”的家史。《泷冈阡表》是千古至文，文中欧阳修叙述了自身家世、缅怀了父德母贤，其情真切，其义深远，堪称祭文中的绝妙好辞，与韩愈的《祭十二郎文》、袁枚的《祭妹文》同为中国古代三大著名祭文之一。1956 年江西省人民政府将《泷冈阡表》碑石确定为省级重点文物保护单位。后来，国家又曾多次拨款修葺西阳宫。

13. 快　阁

泰和快阁，位于泰和县泰和中学校园内东南隅，原名“慈氏阁”，始建于唐代乾符元年（874 年），距今已有一千一百多年的历史，后因黄庭坚《登快阁》一诗声名鹊起并闻名天下。1984 年快阁被列为县级文物保护单位，后载入《中国名胜词典》。

得名由来

泰和，古名西昌，地处赣中南吉泰盆地腹地，北靠吉安，东毗白云山，南邻万安，西接井冈。千里赣江穿县而过，上溯赣州，下抵九江，自古有“咽喉荆广、唇齿淮浙”之称。

快阁，原名慈氏阁，初为奉祀西方慈氏（俗称观音大士）之所。由此，其最初可谓以人姓氏命名。后以“快阁”之名传，方志史书对“快阁”之名的由来有两种说法：“因景得名说”和“沈遵改名说”。

因景得名说。《大明一统志》卷五十六对“快阁”记之曰：“在泰和县治东，澄江之上，以江山广远，景物清华，故名。”正如元朝名臣、文学家程文海所云：“自章贡沿流，五百余里，江盘峡束，牵挽郁隘，疲心怵目，至是而山平川舒，旷朗褰开，跃然如龙蛇之伸，鲲鹏之息，跂而顾，快可知矣。”（清同治十年《泰和县志》卷二）又快阁临近白下驿与淘金水驿，为南北通衢之地。文人骚客途经泰和，必登阁望远，感受江山广远、景物清华，因而因景得名说却有其依据。

沈遵改名说。历代的《泰和县志》和文人关于快阁的记，对此多有提及。如乾隆十八年（1753 年）和同治十年（1871 年）《泰和县志》皆载之曰：“在慈恩寺普照院之南，前临大江，旧名慈氏阁。太常博士沈遵为邑宰，始更今名。”中华人民共和国成立后修订的《泰和县志》载“快阁”条曰：“位于县城东侧，泰和中学校园东南侧，初为奉祀西方慈氏（俗称观音大士）之所，名‘慈氏阁’。宋初太常博士沈遵任泰和县令时易名‘快阁’。”史志所载的官方说法也在历代文人的记中得到印证。如程文海在其《太和州重修快阁记》中云：“邑令太常博士沈遵名曰‘快阁’。”这是历代文人对快阁最早的记。又清田惟冀《重修快阁记》云：“西昌城东隅，旧有慈氏阁，宋初邑令沈遵易其名曰‘快阁’。”（清同治十年《泰和县志》卷二）

尽管快阁景物确实因“江山广远，景物清华”闻名，但这多是人们的主观感受，历代史志少有采纳，反而对“沈遵改名”一说多有明确记载。因此，沈遵改名说更为可信。

细究沈遵改名之因，不难发现快阁本身的“快”景对易名的催化作用。据《泰和县志》记载：“宋初太常博士沈遵任泰和县令期间，因政通人和，百姓安居乐业，常登阁远眺，心旷神怡，于是改名为‘快阁’。”（清同治十年《泰和县志》卷二）景物之快加之以心情之“快”成就了“快阁”之名。正如程文海所称：“阁曰快，自得之谓也。”（清同治十年《泰和县志》卷二）

历代兴废

千年快阁，命运多舛，历经三废六修五建，兴于天下太平之世，毁于离乱动荡之时，可谓“国运昌则阁运盛”。据记载，唐代乾符元年建观音大士之所；宋中遭寇烧毁，后由赵师奭重修；元中快阁遂废，延祐元年（1314年）知州郎祐复修；明万历十六年（1588年）毁于水，十九年修复；清朝快阁坍塌，嘉庆十八年（1813年）癸酉公修，道光四年（1824年）由邑人曾敏才捐资重建，咸丰三年（1853年）毁于兵燹，五年重建，同治八年（1869年）便已荒废；1973年毁于龙卷风，仅留基台，1986年国家拨款并发动县人民捐资仿原快阁式样重建，最近一次重修是2009年，即现今的快阁样式。在一千一百多年间，社会形态的变革导致了快阁的形制因朝而异、功用随代变迁。

建筑特点

快阁，唐乾符元年始建，初为临江小楼，名“慈氏阁”。千年间，或因盛世而兴，乱世而废；或因天灾人祸，屡损屡建。由于古籍资料的缺失，我们今天无法了解快阁的原始风貌，但可循着已有的历史记载，感受其独特的建筑风格和悠久的历史沉淀。

快阁（1938年摄）

1973年3月23日，快阁尽毁于百年罕见的龙卷风。据1993年《泰和县志》记载，毁于龙卷风的快阁占地400平方米，通高20米，阁体负栋而立36根大圆木柱，回廊12根大红米石柱。阁为砖木结构，三层翘角，青瓦重檐。檐楔彩色螭

陆游“诗境”碑

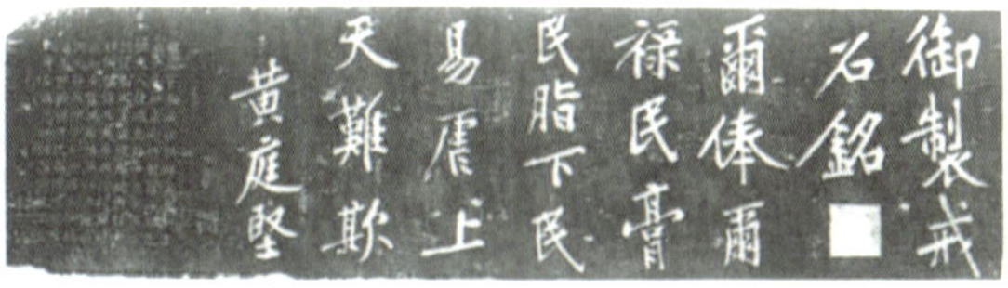

黄庭坚“御制戒石铭”碑

头，梁雕龙画凤。高台回廊，青砖铺地，图饰穹顶，顶覆瓷瓯，角系铜铃，砖砌拱门，花格窗棂。大门面南而开，上端石匾上刻有沈遵手书“快阁”二字。两侧石柱镌有对联。厅墙正面嵌有石刻黄庭坚像，像下有黄庭坚自题像赞。藏经室临河左右侧的墙壁上，分别嵌有一石匾。左侧是宋代诗人陆游题写的“诗境”二字。右侧是黄庭坚手书“戒石铭”碑。土台前方有22级石阶。阁下有涪园①,园中建八角亭，与北面的盟鸥馆、山谷祠参差媲美，构成“西昌八景”之一的“快阁盟鸥”。令人可惜的是，这些景致大多被毁，而阁内沈遵手书、黄庭坚像及像赞已佚，唯见陆游手书“诗镜”碑和黄庭坚手书“戒石铭”碑于泰和县文物局内。

快阁（1986年摄）

启功手书“快阁”匾额

快阁（2012年摄）

1986年仿原快阁式样重建的新阁，在原台基上增加40余平方米，高24.7米，比原阁高出4.7米；钢筋混凝土结构，亦三层，每层24根大红柱

① 黄庭坚又称涪翁。

负栋，四周回廊环绕，显得格外庄严、凝重。穹顶钩心斗角、横梁饰以精美图案。山墙雕有彩龙，既古朴又典雅。凌空斜出的三重飞檐，翘角凌凌，势如大雁展翅。阁面宝顶压栋，覆盖的琉璃碧瓦在蓝天白云下熠熠生辉。

如今的快阁是2009年新修缮的，它有着现代建筑的壮丽与宏伟，阁身为尊贵典雅的朱砂红，分三层:底座、阁身、处于底座与阁身的一部分。台基增高，共设两层阶梯。阁身的三重飞檐设计依旧,站在阁下仰视,若飞雁翔空,又如大鹏展翅。阁名的匾额“快阁”为当代书法大师启功先生题写；阁内陈列了近代泰和书画艺术品和县志发展史。

快阁文化

快阁是泰和古代传统文化的象征，历代诸多文人学士慕名而来，登高而作，形成了独特的快阁文化。有学者考证，古籍中有关“快阁”的诗作有218首之多。

偏安于赣中南的快阁因黄庭坚《登快阁》而名扬天下。快阁诗的发展，黄庭坚则是标志性人物。黄庭坚（1045–1105年），字鲁直，自号山谷道人，洪州分宁（今江西修水县）人，北宋时期江西诗派的领军人物，与苏轼齐名，世称“苏黄”。元丰四年（1081年），黄庭坚任泰和知县，正逢新党推行盐政新规，要求百姓必须购买官盐，凡购买私盐者都要被严惩。然此法一颁布，官吏们为了邀功请赏，强行摊派，层层加价，百姓苦不堪言。黄庭坚为调查实情，深入所属穷乡僻壤，了解实情后禁止官员强行买卖，为百姓所称赞。他为了警示官吏、反腐倡廉，手书“尔俸尔禄，民膏民脂，下民易虐，上天难欺”十六字御制戒石碑，并勒石置于公署一侧，后移至快阁嵌于墙上，为人们所称道，以至于离任时，百姓夹道相送。他在泰和任期间，有至今仍被人津津乐道的“山谷认母”、“快阁对诗”的传说，亦有脍炙人口、流传千古的诗作《登快阁》：

痴儿了却公家事，快阁东西倚晚晴。
落木千山天远大，澄江一道月分明。
朱弦已为佳人绝，青眼聊因美酒横。
万里归船弄长笛，此心吾与白鸥盟。

此后，“阁名遂大著”。史载，“迨黄太史庭坚继至，赋诗其上，而名闻天下”。快阁因有黄庭坚的题诗，吸引了许多达官、学士前来游览题咏，历经宋、元、明、清诸代不绝。著名的有南宋的陆游、文天祥、杨万里，元代的刘鹗，明朝的王直、罗钦顺，清代的高咏等。历代题咏的诗篇数以百计，其中文天祥的《囚经泰和仰望快阁感赋》为黄庭坚《登快阁》诗之后最负盛名的诗篇。1278 年 10 月，民族英雄文天祥兵败广东，被元人所执，囚于船中，解往大都。船过泰和，文天祥望见快阁，如遇庐陵父老乡亲，作《囚经泰和仰望快阁感赋》，以志伤怀：

书生曾拥碧油幢，耻与群儿共竖降。
汉节几回登快阁，楚囚今度过澄江。
丹心不改君臣义，清泪难忘父母邦。
惟恐乡人知我瘦，下帷绝粒坐蓬窗。

其凛然气节和赤子之情跃然纸上，至今读来令人感慨不已。

文化价值与传承

历代名流慕游快阁，不仅留下了许多不朽佳作，而且留下了不少美丽的故事和动人的传说，形成了独具特色的快阁文化，成为庐陵文化的一个重要组成部分。泰和自宋代以来，才子辈出，人文蔚起，这与快阁文化的勃兴，不无关系。

江西省重点中学——泰和中学自 1925 年创办以来，一直以快阁为其校舍之一。大概是受惠于快阁文化的深远影响吧，中华人民共和国成立以来，一批批莘莘学子从这里走向高、中等院校，走向全国各地，在各条战线上建功立业，各领风骚。泰和中学也因此而名扬全省。“快阁重兴物象雄”，快阁这颗千里赣江河畔的古代文化明珠，在漫长的历史岁月里曾闪闪发亮，在新的历史时期，它所积蕴的历史潜能将使它更加熠熠生辉。

千年阁楼，临江而立，虽因时代更替和天灾人祸而多次修建，但它的建筑特色、艺术价值、文化蕴涵、思想意义仍对现世的庐陵文化有着不可替代的积极意义。

14. 武功山

武功山在江西省中西部，属罗霄山脉北支，长约150公里，地跨吉安、萍乡、宜春三市，主要景点和文化沉淀均在吉安市安福县境西北部。武功山山区云雾较多，雾日超过庐山。地质构造以花岗核杂岩构造与峰崖地貌为主。山体主要由片麻岩、花岗岩和石灰岩等组成，地势峻峭挺拔，一般海拔都在千米以上，不少山峰高达1500米以上。由于特殊的地质构造、独特的岩性和适宜的气候影响，武功山上奇峰罗列、怪石嶙峋，处处深壑幽谷、流泉飞瀑。主峰金顶海拔1918米，是江西省最高的山峰之一。山中地下有各种形状奇特、大小不一的暗河和溶洞，得天地之造化。

武功山的特征可概括为“山景雄秀、瀑布独特、草甸奇观、生态优良、天象称奇、人文荟萃”，可谓“雄、险、奇、秀、幽”兼而有之。其中瀑布群、高山草甸、金顶古祭坛群是武功山的三大绝景。区内10万亩草甸绵绵于海拔1600多米的高山之巅，海拔之高、面积之广在世界同纬度名山中都是绝无仅有的，被称为“奇山伴草甸，天下一绝”。

武功山金顶草甸

山名由来

明朝人刘鉴在《武功记》里面写道：“东南天柱有三，盖衡、庐与武功。衡首庐尾武功中……乃乾坤之胜境，神仙之福地也。”根据明朝的《武功山志》《天下名山志》

等文献记载，武功山的命名和道教传说有关。据记载，武功山原名“兹山”。“兹”字在古代文言中通“滋”，取其草木茂盛之意。但是旧时山南的庐陵（今吉安）喜欢称为“泸潇山”，而山北的袁州（今宜春、萍乡）则称其“罗霄山”。“泸潇”与“罗霄”近音，这是因为方言发音不同而书表各异，但都是指金顶西面一处高山巨洞（今“罗霄洞”）。传说上古之时有叫作“泸”或者“罗”、“潇”或者“霄”的两位道人曾隐居修炼于此，山南、山北两地的居民依照地方口音各自注字，将此山洞命名曰“罗霄洞”和“泸潇洞”。“罗霄山”和“泸潇山”因此而得名。

晋代时四川人士武氏夫妇慕名上山修得仙法，“罗霄山”和“泸潇山”从此又称为“武公山”。南朝“侯景之乱”时，陈武帝得武公神仙帮助平定了叛乱，为感念神灵之功便加封为“武功”山名，从此“武功山”一名流传至今。

历史文化

武功山历史文化悠久，尤以道教文化最为突出。自三国时期（220–280 年）在此开设道场至今已历 1700 余年。史书记载，东汉葛玄、东晋著名道家学者葛洪都曾在此修炼。武功山的佛教则始于唐，盛于宋。一代宗师弘济禅师，后称七祖行思，从小出家在武功山，后经多年潜心修炼，创青原教派，成为一代高僧。当时，金顶白鹤峰、九龙山、图坪、集云岭四大处，是武功山佛道“四大丛林”，所谓“三塔、四台、六亭、七阁、八楼，九十九座寺、庙、坛”，均集中在这“丛林”里。明嘉靖皇帝朱厚熜（1507–1567 年）曾派御使进御香于三天门，使武功之名大噪于天下，香火也达到鼎盛。鼎盛时武功山有出家僧道数千人，成为当时湘赣著名道教、佛教圣地，吸引无数善男信女到此顶礼膜拜。历代还有大量文人墨客慕名来此吟诗作赋，朱熹、

箕峰景观

羊狮慕

杨万里、文天祥、徐霞客等都曾上山观光探访，留下了无数珍贵墨迹。徐霞客《游武功山》写道：“千峰嵯峨碧玉簪，五岭堪比武功山。观日景如金在冶，游人履步彩云间。”这些都丰富了武功山的文化积淀。

武功山整个风景区分为金顶、箕峰、羊狮慕、武功湖、九龙山、发云界、嵘源温泉 7 个核心景区。

金顶。金顶面积 100 多平方公里，峰顶地势平坦，夏季气候凉爽，是观赏日出、高山草甸、神秘佛光、迷幻云海、悬崖峭壁和进香拜佛的最佳景区。主要看点分别为金顶道教丛林、金顶世纪之碑、鸡冠岩、江南银杏王、行台、集云阉、观音岩、香炉峰、发云界、千丈崖。古祭坛群在金顶景区附近。古祭坛乃江南古代祭祀文化的活化石，是武功山风景名胜区最富特色的人文绝景之一。古祭坛地处武功山金顶海拔 1900 米处，总共有四处，每个祭坛长约 6 米，宽约 4 米。四座朝向各异、建筑风格独特的石垒祭坛，自三国东吴初年创建开始，至今已有 1700 余年历史。四座石头垒成的祭坛，各有不同名称，分别为葛仙坛、汪仙坛、冲应坛、求嗣坛。

羊狮慕。羊狮慕又名杨思慕、十八排，东西走向，主峰海拔 1670 米。羊狮慕景区以花岗岩峰林地貌为主，千姿百态，巍峨壮观，以“奇峰怪石、流泉飞瀑、山花争妍、云海幻境、雾凇飞雪”为主要特色。群峰叠嶂，苍翠欲滴，秀中藏秀，奇中出奇，佛光、云海、日出、晚霞，美不胜收，身临其境，如入仙境。穿云石笋（又名天子峰）是羊狮慕景区最为壮观景色之一。石笋通高 264 米，破土穿云，巍然独耸，高高屹立于半空之中，令人称奇，故而得名“穿云石笋”。可以在穿云石笋、夫妻峰等地，看世间难得一见的佛光。

相传宋代大诗人杨万里求学期间游历武功山，见山中奇石云海等美景而流连忘返，日夜思慕，尤其在观赏了鬼斧神工的穿云石笋峰后，留下憾世诗篇：“笔锋插霄汉，云气蘸锋芒。时时同挥洒，散作甘露香。”景区因此得名“杨思慕”；又因景区经年云雾蒸腾，常现“羊”、“狮”追逐嬉戏山间的气象景观，而有“羊狮慕”之名。

三 古村古镇

Gucun Guzhen

1. 钓　源

出吉安城区，沿吉福公路西去 20 公里，至兴桥镇北行，古樟成林，茂密葱茏，绿叶掩映下，青砖黑瓦若隐若现。村里长幼妇孺，怡然自乐，仿佛陶渊明笔下的桃花源。是为钓源村。北宋年间，与欧阳修同宗的欧阳氏后裔在此肇基，取姜太公垂钓渭水之意，取名为“钓源”，距今已有近千年历史。村人尊欧阳修为宗，村内建有文忠公祠堂，“文行忠信”牌匾至今高悬。

钓源古村代代人才辈出，有贤臣良将、儒士文人，也有远涉湘川贵经商的巨贾。在达官富商的精心营造下，到了清代，钓源成了显赫一时的大村，兴盛时有 1500 多户，人口数千，长达两华里的古商业区内，有纵横 16 条道路，每路 32 家铺面。这里还有山水园林式的私家园林，有钱庄，有赌场，有妓院，有戏台，有跑马场……在这里，天天生意兴隆，夜夜笙歌宴舞，俨然一个繁华的乡村都市，享有“小南京”之美誉。

现在人们见到的钓源，仅为原有规模的三分之一，绝大部分的精华已在咸丰五年（1885 年）的战火中化为灰烬；后来又在那个史无前例的“文革”中，在“破四旧”的愚昧中遭严重损毁：炸毁了牌坊，掩埋了鎏漆真身菩萨，拆毁了傩撑、雀替，夷平了豪华的古墓，烧毁了族谱和象牙神轿。但是，一座文化底蕴丰厚、村落规整、建筑格局独具特色的千年古村仍然清晰地呈献在你的眼前。

钓源古村全貌

“七星伴月”

钓源村的东、南、北三面都是绝对高度不超过十米的小山丘，两面是田垅，田垅中有一条小溪自北向南穿流，因为三座山丘统称庄山，所以钓源村的全称为“庄山钓源”。三座山丘围绕着1平方公里左右的乡村，村在其中，山丘有如土围子，把村庄与外面的世界隔开。这与江南选择基址普遍要求前面开阔、后有靠背的习俗完全不合。

钓源现存建筑190栋，有庙观、祠堂、书院、别墅、民居等。其中102栋为明、清建筑，近代建筑有88栋。古村建筑布局顺乎山势，无处不合应太极八卦。古村由庄山和渭溪两个自然村组成，中间由一座人工填造的“S”形的长安岭隔开，村庄依照太极图的双鱼星坐落在“S”形弯里，西为庄山，东为渭溪，两村又各自根据八卦图形依山就水而建，宛如迷宫。古村的基本结构是按东西走向的轴心线往南北两面展开，宗祠、宅居及其他附属建筑等都是按这个原则构建的。而各种建筑的朝向，一反坐南朝北的惯例，而囊括北南西东多种朝向。钓源村的先民根据其地形中间较低的特点，在中心线上开挖了七口排列成北斗七星状、大小不一、圆方各异、顺势而下的水塘，取“七星伴月”之意。水在其间穿流，既能排雨水，又能排生活污水，而塘岸用上等青砖砌筑，隔堤铺着青石板供村民们往来于南北两组宅居之间，独具江南水乡特色。这种建筑布局是乡村所罕见的。

钓源古村一角

尤其令人叫绝的是，钓源建

筑及街巷大多是“歪门邪道”。巷路、村道、塘岸没有一条是笔直到边的，青石板铺成的巷子前窄后宽，150 余栋至今犹存的古建筑的屋角皆为弧形，大门斜立，院角有圆有方，墙面有正有侧，形成回环往复、参差跌宕的格局。专家们考证，这是应合古代阴阳八卦的理念，显现“天人合一”的道理。

古村家家雕饰流金溢彩、户户嵌镌太极八卦。村庄古建筑内外亦有木雕、石雕、木刻、石刻、彩绘和鎏金字画。如鎏金图《访贤才于渭滨》和《求富亦求寿考》,人物笑容可掬，服饰鲜活，车銮华盖、滩石树木、山水云霓，都完整生动。在每座建筑，乃至家具铺陈上，见到最多的就是八卦图案。门扉上、午门上、窗上、屏墙上，连床上、脸盆架上都是八卦。其所蕴含的祥瑞文化、科举文化、氏族文化、宗教文化、生态环保文化以至藏品文化，常令游人赞叹不已。如所藏宋代苏东坡端砚、米芾手书欧阳修《昼锦堂记》碑、明清象牙茶酒行令筹、清代青花瓷嵌铭对联、玻璃灯笼、天然彩色石屏画《海市琼楼图》等文物，均为稀世珍品。

《访贤才于渭滨》鎏金图

古村内有栋无人居住的民居，是一个前院后堂布局的老屋，主人叫“八老爷”。传说八老爷是一个残疾人，他有一张非常奇特的床，叫逍遥床，此床可以由主人睡在床上操弄机关，变换床的功能，但现在只剩下一个固定在屋顶的床顶了，其他零件堆放在床顶上面，据说目前还没有专家有把握能复原，所以不敢随意去修复。

据了解，钓源古村几乎汇集了我国南方古代民间建筑的主要基本类型，是江西民间建筑的典型，被誉为浓缩我国古村建筑风韵的瑰宝，并被享誉国际建筑界的香港城市大学列为“中国南方古建筑教学示范点”。2003 年钓源古村被评为江西省历史文化名村，2009 年钓源景区被评为国家 AAA 级风景区，2010 年钓源村被评为中国历史文化名村和省级生态村，2012 年被评为江西省 AAAA 级乡村旅游示范点，同年还被列入第一批中国传统村落名录。

2. 渼　陂

渼陂古村坐落在吉安市青原区文陂镇，距今有近千年的历史，全村面积 1 平方公里。古村芗峰东立，象岭西护，瑶山南耸，富水北流，天然形胜。它以明清建筑为基础，融书院文化、祠堂文化、宗教文化、红色文化和明清雕刻艺术为一体，被誉为“庐陵文化第一村”。渼陂古村“红”、“古”、“绿”交相辉映，相得益彰，正向世人展示其“文武合一、耕读合一、红古合一、村街合一”的独特魅力。在千年文化积淀里渼陂集“红”、“古”、“绿”三色资源于一体，也被人们称为“三色渼陂”。

古色渼陂

渼陂古村有璀璨厚重的古色文化：“渼陂”一词原为陕西户县古湖泊名，南宋初年，北方饱受兵乱，户县人梁仕阶带领族中子孙迁徙至江西，因怀念故乡，故以渼陂为村名。渼陂村现有 367 栋保存完好的明清建筑，保存完好率达 61.7%。村内有气势恢宏的祠堂、饱经风霜的书院、幽静的古街、狭长幽深的小巷，有青砖灰瓦的古宅，有别具一格的教堂、古老的牌坊以及古戏台、古水井、古码头、古民居等。古祠堂是渼陂保存最完整的古建筑，也是整个村落最精华的古建筑。渼陂古建筑蕴含了丰富的庐陵文化，具有很高的历史和文化价值，特别是村北长 900 余米的清代古街沿富水河逶迤伸展，集建筑文化、商儒文化、村镇合一特色为一体。

古街全长 900 余米，始建于明朝，是商业文化的典型代表，现保存完好的店铺有 108 家。这里我们可以从万寿宫看到当时的繁华景象。万寿宫占地 240 多平方米，前院两侧拱门上各有“天不夜”和“月常明”的字匾。万寿宫无论规模、形式在江南乡村

远望渼陂古村

渼陂古街

永慕堂

都是首屈一指的。宫内设有赌场、夜市、戏台等，是当时人们休闲娱乐的地方。每当夜幕降临，街上路灯通宵达旦，人如潮涌。常有戏班登台演出，好一派兴旺发达的景象。

渼陂村最宏伟的祠堂当属梁氏宗祠——永慕堂。梁姓是村里的大姓，梁氏宗祠当然也是村里最引人注目的建筑。这幢建筑最早建于宋代，后来经过多次重建。重修的时候正好是慈禧执政，上面的飞檐翘角是“凤在上，龙在下”。这个是“官帽”式结构，一般出了大官才可有这样的结构。整个总祠一共有三个官帽式的建筑，上面每一个圆圈里都有一个字，从右边看起有“诗书门第”、“斗门阀冠”等字样。正面是“翰林第”牌匾，“翰林”是一个科举名。梁家璋一生奋斗在科场直到 69 岁考取功名。全村人敬仰他的精神，为了激励后人，这个“翰林第”字匾放在总祠的大门。祠堂飞檐高挑，是二层三进的砖木结构，高大的斗拱依然有着当年的气势，在中堂的墙壁两侧，写有“忠、信、笃、敬”四个大字，每个大字都有两个人之高，那种气势足以令人震撼。在祠堂里，每根柱子上都写着蕴意深远的对联，深浓的文化韵味从中流露出来。

古村有个特异的建筑形式，叫“歪门正道”，它的风格是上梁是正的，而门是歪的，据说，建造这种风格的人家，其祖父是做生意的。生意人主要目的是求财，也就是求金，在金、木、水、火、土五行里“金”的方向是朝西的。另外，对面是总祠要斜对，也就是避邪，所以把门坐向朝西。

古村有四个书院，养源书院是其中的一个，又名“地藏阁”。所以有“先有地藏阁，后有养源书院”的说法。相传渼水河与富水河汇合成一个大的漩涡，导致这个村子考取功名的人寥寥无几，一风水先生说在此建一个阁，取名地藏阁，可以锁住风水，也可锁住如流的财源。也许是巧合，从此，渼陂考取功名的人越来越多，渼陂村也日益兴盛起来。在经过若干年的历史变迁后，四大家族在此建了养源书院。养源书院是当时渼陂古村最古老的建筑之一，也是当时最好的书院。

红色胜地

古村有红军标语180多条，大多是1930年红军留下的。渼陂有彪炳千秋的红色历史：1930年著名的“二七会议”[1]在渼陂召开，从这里走出了梁兴初、梁必业、梁仁芥、梁必骎四位共和国将军。古村中革命旧居、旧址非常多，如梁氏宗祠的永慕堂为红四军总部旧址，名教乐地书斋为毛泽东旧居和“二七会议”旧址。

毛泽东旧居

“二七会议”会址是一栋前后两进的梁家宗祠，坐西向东，分前后两栋，中有2.2米宽的走方廊小院，为砖木结构。

毛泽东主席选中这个地方作为居所，真正的原因是里面有一个耐人寻味的书斋，整个建筑构造像一张古床，上面那些“贴花”是由竹片一片一片粘上去的，至今仍完好无损，尤其是墙上的对联“万里风云三尺剑，一庭花草半床书”，它恰恰反映了主席的革命生涯。

① 二七会议，也称二七陂头会议，是指1930年2月7日至9日，红四军前委、赣西特委和红五、六军军委在江西吉安陂头召开的联席会议。毛泽东在7日作了《关于政治形势和党的任务》的报告。会议讨论了有关政治、土地、红军、党的组织、苏维埃等重要问题，确定党的任务是深入土地革命、建立革命政权和发展工农武装。会议纠正了赣西特委、赣南特委的右倾悲观思想和迟迟不分配土地或按劳力分配土地的错误做法，加强了党对土地革命和武装斗争的领导。会议将红四军前委改为总前委，作为四、五、六军及赣西南、闽西、东江、湘赣边区等红色区域的领导机关，毛泽东任总前委书记。会后，根据这次会议的决定，将赣西特委、赣南特委合并为赣西南特委，刘士奇为书记，并建立了赣西南苏维埃政府。

渼陂古村荷花池

生态渼陂

渼陂有优美宜人的绿色生态：古村山环水绕，天然形胜，族谱、方志上记载“芗峰东立，渼水南来，象岭西护，瑶山南耸，富水北流”。渼陂古村北有富水河从古街身边向西流淌，山美水美。富水河是古村的母亲河，整个古村依河而建，村里还有二十八口大大小小的池塘，且口口相通，象征天上二十八星宿护卫着整个村落。有了池塘的绝，更有古树的奇。老干虬枝的驼背樟，合而为一的连理樟，倒地复生的卧龙樟，都充满着神奇溢异的色彩。它们与鳞次栉比、错落有致的青灰色古宅，互为掩映，呈现出别具一格的乡村田园风貌。

位于“翰林第”附近，有一棵千年古樟被称为“连理樟”，看似两棵树根紧密相连的樟树，相互依偎，根枝交错，被村民称为“夫妻树”。关于这棵树的传说有很多，死而复苏、掘而无后等等，非常有灵气。

村里元宵节、中秋烧塔、敬月等活动乡韵十足，尤其是民间工艺中的彩擎更是古村的特色文化之一，它具有传统的纳彩祈福的美好寓意。

3. 陂　下

陂下古村位于江西省吉安市青原区富田镇，面积约 1.5 平方公里。陂下古名潭溪，自唐代开基以来，至今已有一千多年的历史。现有胡、罗两姓，400 余户，1800 多人口，其中 97% 的人口为胡姓。陂下古村古色鲜明，景色宜人。村中有 4 个牌坊，保存完好的古祠堂 36 座、古井 18 口（其中以“十八桌井”、“南明井”最具特色）、24 对千年的锡制架、封闭式巷道，以及星聚堂里的龙凤楼阁、腰鼓、龙灯、王鞭和精美的木雕、石雕等。此外，该村内外古樟群连片生长，沿河一带的千年古樟有 10 多棵，享有“樟树之村”美称。

陂下古村全貌

古村特色

敦仁堂。敦仁堂是陂下村胡氏的宗祠,坐落在富水河边。祠堂始建于明朝成化年间,扩建于明朝嘉靖年间,长 92 米,宽 36 米,占地 3382 平方米,为三进式砖木结构。据说当时修建这座祠堂共花费了一百多斤黄金。敦仁堂是江西省目前发现的最大的古宗祠,有“江南第一祠”的美誉。祠堂建筑构思奇特。最大的特点是全栋祠堂的木料构件数以千计,但所有木料衔接部位却都用木榫,没用一颗铁钉,特别是正厅的穹顶和门楼的鹊阁,这样高难度的建筑不用一颗铁钉,实在是匪夷所思,令人叹为观止。此外,祠堂坐东朝西,俯瞰呈“丁”字形,与对面呈“人”字形的照壁相对应,暗寓王姓“人丁兴旺”。那庄严肃穆的“朝天门”如同一位岁月老人,守望着川河富水,品味着这人世盛衰的况味。

朝天门

北宋末年,胡姓开基祖胡晃,为吉州开国侯公霸公第八世孙,为银青光禄大夫国子监祭酒胡盛第四世孙,乃北宋狄青元帅的参将,进士出身,因军功卓著,仁宗皇帝赐予銮驾 48 件(现保留有 45 件,实为稀世珍品),并有御笔题匾嘉赞。清道光皇帝也亲笔题写“黄耇繁衍”匾额,以示赞赏,现仍镶嵌在迎龙门上。

竹隐堂。始建于明朝嘉靖年间,清朝咸丰六年(1856 年)被太平军烧毁,晚清得以重修。建筑面积 450 多平方米,两进一天井并带参亭布局。藻井下堂匾中“竹隐堂”三个字是明代泰和县状元曾彦的墨宝。传说，早年曾彦卖猪仔路过陂下，见村里的读书人聚集在一起写牌匾，反复多次都不满意，曾彦看得不耐烦，便上前用裹脚带写下“竹隐堂”三个大字。因为他当时只是普通农民，并未留下落款。大家评头论足，一致认为曾彦写的字字体浑厚圆润、稳重刚健，还是用他的比较好，族长公这才拍板用曾彦写的字。几年后，曾彦考上了状元，官授翰林院修撰。曾彦金榜夺魁，村人自然得涂漆垫金，视若珍宝。竹隐堂有联云：“竹种已成林想先人一本发源无非德泽，隐居得世清望后裔万代相继不坠家声。”另有一联称：“竹高以节不同桃李芬芳盖争九十，隐待其时可好鱼龙变化浪击三千。”

竹隐堂

星聚堂。建筑面积 850 余平方米，穿斗式砖木结构，两进两天井。门前楼台式喜鹊聚巢双层三巢式木构，楼角翘起，泥塑卷草，楼栋东西泥塑鳌鱼，正中泥塑前后双面脸型物魁星点斗。梁撑左右木雕公母双狮下山，梁托木雕龙、凤、麒麟、兔、羊、鳌鱼等，形象逼真，彰显祠宇的高贵和豪华。内部中厅参亭，嵌“科甲联芳”四个大字，象征本堂人才辈出。梁撑回头凤配上牡丹花，显得高雅秀美。顶部采用线纹形特制砖遮盖，中间设置着百宝瓷葫芦，装饰高雅。潭滨堂祠，建筑面积 500 余平方米，穿斗式砖木结构，两进一天井式布局。

星聚堂

古井。坡下古村有古井 18 口，其中以“十八桌井”、“南明井”最具特色。南明井也叫双胞胎井。南明井水质奇特，善孕双胞胎，自新中国成立以来，在其周围的几十户人家里孕育了24对双胞胎，尤其是紧挨井边的这三户人家，家家都有一对双胞胎。

新书院。原来是乐善堂建造的一所义塾，提供给本房子弟读书用。始建于1926年，占地500余平方米，双层砖木结构，分为前后栋，中部廊楼相接。庚子赔款之后，很多年轻人都到国外留学。由于同时受到西方建筑风格和中国传统建筑的影响，归国后，他们便在这里设计建造了这座中西合璧式建筑。

陂下古街。始建于清道光十四年（1834年），距今180多年。古街不长，仅百余米。街市不大，可“布匹染坊”、“粮食杂货”、“醋坊”、“药铺”样样俱全。很长一段时间非常兴旺。古街同时建筑的还有“安人亭”，这座阁楼式的亭子是州同胡绍亭为了体恤无房无食的孤儿寡母而建的。有趣的是陂下胡姓人家的婚丧娶嫁都必须经过此亭，说是“安人，安人，想平安就过亭”，这种习俗一直持续到现在。

民居古韵

陂下古村犹如一座宫堡，朝天门、迎龙门、安人亭、延福门高大轩昂，四座大门紧锁全村，村中鹅卵石巷道纵横，连接着180多栋明清建筑的祠宇民宅，突显出赣中民房构架的独特风格。陂下村是个多姓氏的村庄，开始是各个姓氏自建封闭式的巷道，并且有的墙上还留了枪眼。以后人口增多了，就把整个村庄封闭起来，只留下迎龙门、朝天门、延福门、龙川阁四个门出入，形成了“大封闭圈”内套“小封闭圈”的建筑特色，比较完整地保留了古代村落抵御强敌入侵的战略防御设施体系。集聚积、沉淀、净化、排泄四大功能的“五水朝东”排水系统，凝结了陂下村人的智慧，将一个清洁靓丽的古村落奉献给每一位来访者。

环境宜人

美丽的富水河绕村而过，陂下古村就掩映在浓浓的古樟之中。村中有80棵500年以上的古樟，村东面一片翠浪翻滚的枫樟群，中间间杂着几十亩的毛竹林，风景十分优美。桥头东端有一棵奇特的“合欢樟”，树中间长出一棵“凉伞树”，犹如一位亭亭玉立的少女站在丈夫的肩膀上向远处眺望，又恰似这位少女在毫无保留地展示她的风姿。树冠占地面积200多平方米，约10个大人才能合抱起来。古樟，给这个古老的村落增添了一分神秘。

民俗文化

“喊船”是江西所特有的民俗，具有浓郁的地方特色，距今已有一千多年的历史。通俗地讲，“喊船”就是民间“求神祭神”或“接神送神”的祭祀活动，以祈求神灵保佑一方百姓平安，风调雨顺。陂下古村就具有这种独具特色的民俗文化。

“喊船”

4. 燕　坊

吉水历史上人文荟萃，向来有“文章结义之邦，人文渊源之地”的美誉。这块古老富庶的土地上养育了欧阳修、文天祥、解缙、杨万里等一大批名士学士，也曾出现过“一门三进士，隔河两宰相，五里三状元，十里九布政，九子十知州”的人文盛况。在历史上，吉水沿江经济发达，尤其是金滩镇，商业氛围浓厚。富裕起来的百姓，建起了好几个到如今风采依然的古村，燕坊村就是其中之一。

燕坊为江西省吉水县金滩镇辖区，位于金滩镇南偏西 7 公里的山坡上，与县治所在地文峰镇隔江相望，距吉安市区约 14 公里，直达赣粤高速公路，占据了有利的地理区位。整个村庄依地势呈带状分布，地形西高东低，南北约长 2 公里，东西约长 1 公里。后龙山南北向贯穿村落，一千多棵古樟从村头延至村尾，村子四周古树婆娑，郁郁葱葱，形成壮观秀丽的自然景色。村中更有柚树、橘树无数，使村子一年四季弥漫着植物和果实的清香。十来口相互贯通的水塘像一串珍珠一般镶嵌在村中心，形成一派恬静的田园风光。整个村落均掩映在翠绿的树木中，形成“林在村中，村在林中”的自然美景。

燕坊，亦名鄢坊，始建于南宋中期，是一个有 800 多年历史的古老村庄。现有居住户 200 余户，700 余人，面积 1.5 平方公里。据《鄢氏族谱》记载，唐代鄢燧武任湖南节度使，并赐勋臣，百世庙食，泽及子孙，其子孙后居住在江西樟树。到了南宋中期，

“林在村中，村在林中”的燕坊古村

鄢苍然基祖从赣江边同属吉水县的渡头村迁徙至燕坊定居，一代一代繁衍生息。他们不忘祖先，便以姓名村，因名“鄢家坊”，后有王、饶、江、肖、夏、黄氏迁入同村居住。燕坊的先辈借依靠江的交通优势，仁义诚信的经商理论，靠淘金富裕起来，尤其明清时期，在湖北、四川等地开铺经商，开设商行或钱庄，业绩辉煌，解放后改名为“燕坊”至今。

燕坊是一个明清建筑群保存完好的历史文化名村，现存明清建筑 102 处，包括宗祠、学堂、牌坊、民宅、古井、古塘、古墓等。其建造结构具典型的徽派建筑特色，室内雕刻精美，室外有气势雄伟的坊牌，镂刻秀美的门楣、楹联。村内牌坊数量较多，每座牌坊或自成一体，或与院落连成一体，气势不凡，均采用红石或青石撑门，两侧有阴刻对联，如“山平水远清华湛，霞蔚云蒸瑞气浓”，阳刻“水木清华”、“字水潆洄”、“青阳绚彩”等题词。门楣的两侧是雕刻图案，大多为人物故事、吉祥动物、名贵花草、珍禽异兽，雕刻栩栩如生。内容表达的都是对生活的憧憬和追求。

目前，村内有保存完好的古牌坊 13 座、古民宅 100 余栋、古书院 2 所、古街 1 条、古池塘 6 口、古井 10 余口。明清古家具、古雕刻等文物非常丰富，其中红木家具、明清瓷品等尤显珍贵。

村子里有一块“建阳世家”的牌坊，为鄢姓先祖明初所建，过去是飞檐翘角，甚

"建阳世家"牌坊

是气派。其建筑材料和门头都与其他牌坊有所不同，两旁建有八根旗杆，分别插在旗杆石之中，十分气派！插一根旗杆意味着村中有一位有权势显赫的人物，八根标志着燕坊曾经人才辈出。门楣上现在"建阳世家"四字是后写的，原字及旗杆在"文革"时同时被毁，是鄢氏子孙遗憾之事。"建阳"指的是福建省建阳县，"世家"为大家族。有名望，有实力，门第高，世代做官的家族才能称得上"世家"，可见当时鄢氏的辉煌和发达。

"水木清华"牌坊建于清朝晚期，砖石结构，高 5.43 米，宽 5.52 米。"水木清华"四字典出 1700 多年晋代谢叔源《游西池》诗："景昃鸣禽集，水木湛清华。""湛"为澄清之意。因为牌坊前有水塘，所以就用上面诗句题匾为"水木清华"。"水木清华"四字书写风格与清华大学清华园"水木清华"坊四字如出一辙，令燕坊人骄傲的是，燕坊的"水木清华"要比清华园的早出现 50 年呢！

行走在古村，不断有官宦府第出现，如"大夫第"、"资政第"、"司马第"。清代有捐官制度，燕坊村人经商致富后，为了提高身份地位，花重金捐得爵位，为彰显身份光宗耀祖，就把"大夫"、"资政"、"司马"等爵位冠于府第了。

"大夫第"门楼原有三进，建筑宏伟。牌坊门楣上书"大夫第"三字，遒劲有力。"大夫"，在古代是一种官民，清代的"大夫"，是高级文官的称号，所谓"刑不上大夫"，可见其职位显赫。"第"就是指上等房屋。其最大的特色为顶部的莲花座砌法，颇具佛教特色。青条石撑的大门框，鎏金的门神，鳌鱼活灵活现，意指主人雄雄勃勃独占鳌头。鳌鱼安装在横梁与立柱交接处，使结构更牢固，再加上工匠的精雕细琢，成为美的点缀。屋内太师椅雕刻精美，一个图案就是一个故事。

书房里有楹联鎏金图，"雨中春树万人家，杨柳依依人摆渡"表现的是自然风光和美好生活的真实写照。天井照壁上的"竹林七贤图"潇洒自如，讲的是三国魏末晋初文坛中的 7 个代表人物阮籍、嵇康、阮咸、山涛、向秀、王戎、刘伶。"视履"二字，意为看到脚下，脚踏实地，一步一个脚印往前走，走出辉煌人生。

“字水潆洄”牌坊

“字水潆洄”牌坊气势恢宏，可算古牌坊中的精品。此牌坊是麟凤院中的庭院牌坊。过去进门都很有讲究，很正统，有身份的客人进屋必须走牌坊，里面还有一雨亭，并备有五寸宽的凳子供客人休息片刻，等通报主人后方可进屋。

牌坊门楣上刻有“字水潆洄”四字，“字”为屋里有子，古为怀孕生子、多子多孙之意。现今则理解为文化、文风之意。“水”就是这牌坊门前的池塘水，它代表生命之水。“潆洄”二字为水流回旋，代表流传不断。这四个字合起来就是希望燕坊子孙后代和文风源远流长。

“三槐第”王氏宗祠是燕坊规模最大的祠堂，建于宋末，为三进三开间。正门上书“三槐第”，两侧门上书“鸾翔”、“凤翥”，寓意吉祥如意，飞黄腾达。“三槐第”的来历有一段传说。燕坊王氏始祖在山西太原割地为王，生有二子。其中一子痛恨当时官场腐败，就种下三棵槐树立誓：永不做官。也许是当时官场黑暗、腐败，其不愿同流合污。其后代皆以“三槐第”为荣，繁衍生息。在吉水县葛山、阜田等地均有“三槐第”祠堂。

燕坊最大的院落叫“二十栋大院”。鹅卵石铺的路，红条石铺的台阶。燕坊几乎每栋房子都是如此。背面进院的牌坊造型美观、气势恢宏，但现如今大部分已被毁坏。那规划三排的古建筑，粉墙青黛，马头墙昂首指天，起伏交错，高墙深宅，房与房之间有一条小巷，但不通向外面。

二十栋大院

“青阳绚彩”牌坊的建立，有一个有趣的小故事，讲的是一次大学士解缙从京城回家探亲，听说自己家乡连年洪水成

“青阳绚彩”牌坊

灾，县城对岸的燕坊村受灾更大，他左思右想，想自己号“春雨”，怪不得经常下雨，就对母亲说，要改掉这个号。母亲却说：你以前不是很会对对子么，对岸有春雨，你看对个什么，把洪水中和了，怎么样？解缙灵机一动，有了，青阳对春雨，在河对岸燕坊村做一个“青阳绚彩”的牌坊，以后就风调雨顺了。从那以后，洪水也就没有那么厉害了。

燕坊，是一片古老而神奇的土地，走进燕坊，就如同在历史中漫步，随处可见昔日的辉煌。在这里没有城市灯红酒绿的喧嚣，只有乡村生活的散淡与平和。一幢幢现代化的建筑与古老的牌坊古屋形成了燕坊特有的风格，现代文明与古代文化就这样在这里融合。

5. 谷　村

盘谷镇谷村位于江西省吉安市吉水县的西北，距吉水县县城 30 多公里。谷村与枫江镇、阜田镇毗邻，吉新公路贯穿全村。谷村是江西省第二大村，属于一镇一村，全村共有 3000 多户，1.5 万多人口。

谷村一角

谷村有良好的自然条件，生态环境优美，林业水利资源丰富，肥沃的土地加上丰富的水源使谷村特别适合茶树的生长。谷村有数座茶场，其生产的茶叶远近闻名，香飘万家。谷村以农业为主，是吉水县最重要的粮食产地。

谷村村民全为李姓，是江西省李姓最大的一个聚居地。据李氏谷村族谱记载，其一世主为西平郡王李晟。

谷村李氏祖祠所存牌匾

李晟（727–793 年），其先世甘肃临潭人，后徙京兆，生于 727 年，卒于 793 年。出生军旅世家，因父左金吾大将军李钦坐太平公主事，从军西陲。李晟十八岁以功授左金吾大将军。他一生戎马，为唐德宗平定了半个中国的叛乱。历官至太尉、中书令，爵封西平郡王。生子十五，有十二子掌握了兵权。李晟的儿子当中，有几人颇有名望，他们是李愿、李宪、李诉、李听。因功高震主，贞元三年（787 年），皇帝剥夺了李晟的兵权，其十二子也被分散到全国各地，李宪因此被调到江南西道的洪州任刺史。其后裔子孙为了日后相见，都以西平郡王作为自己家谱的标志，一律使用“西平堂”作为他们的堂号。

李宪（774–829 年），西平郡王李晟第十子，幼年随父军营，起家太原府参军，历官醴泉县尉、光禄卿、洪州刺史，唐文宗太和二年（828 年）升任江南西道团练观察使，遥岭南节度使，次年卒于镇。遂家洪州西山，有子七人，长子李游，时任袁州刺史，迎柩奉旨葬于江西分宜红花仰，其六子赴袁奔丧，依兄居于袁州。兄弟七人的后裔形成了现在的江西宜春西平堂七大房系。子孙遍布江西、湖南、湖北。唐僖宗中和二年（882 年），李宪长子李游的长子李服，为避黄巢之乱率部分家族成员徙居庐陵（今吉安）。

李游的三世孙李唐在后唐年间定居吉州之吉水盘乡，村名谷村。在李唐的带领下，谷村李氏人丁兴旺，遂成当地望族。该地现在的镇名就是取原盘乡的“盘”和谷村的“谷”，而命名，即为盘谷镇。

盘谷镇谷村李家是一个有着深厚历史文化底蕴的地方。谷村李氏从始祖李唐开始，便十分重视对子孙的教育，创设湛源书院，要求幼童入书院读书。这里曾出过许多人物，宋朝的天才神童李献可，明朝兵部、工部尚书李邦华、李日宣和清朝历任工、刑、户、礼四部尚书的李振裕等都出自这里。当年的文化氛围浓厚，乡间的戏剧非常繁荣，至今还有两座古戏台。

谷村还是古代政治、文化人才的摇篮，出的进士与官员特别多，从隋朝到清末，这里诞生了 68 名进士，115 名举人，9 名武举人。南宋咸淳元年（1265 年），朝廷大魁天下，一榜进士中谷村人占了 4 名。三年后，朝廷再次大魁天下，一榜进士中谷村人占了5名。进士是古代最高级别的功名，要经过县试、省级乡试、京城会试三级选拔，三年会考一次，全国只取300名,因此极为罕见。明朝中叶，全国的人口已达6000万，平均20万人中才能中1名进士，全国有许多县在一千多年间，没有产生过1名，而谷村一个村就产生了68名。谷村的进士多，在朝廷当官的就多，几乎每朝每代都有谷村人在朝廷当高官，尚书以上的高官有8人，县令以上的有100多人。

聚庆堂

经过几代人的努力，十四世李迁之、李存之兄弟首开纪录，于宋元丰四年（1081年）同科中举，接下来在短短的三十年中，一个村子连中9个进士，而李鼎三叔侄中同榜进士，引起了宋高宗的注意，于建炎、绍兴间先后在谷村敕建经训书院和义方书院。宋绍定五年（1232年）进士、缉熙殿侍讲李晦之于嘉熙间又创建了桂林书院，此后元、明、清三代又先后建起了文蔚书院、树人书院、东湖书院、神童书院、有斐书院、三益书院、复礼书院、六行书院，连宋代书院总计12所，到清末除湛源书院已废弃外，尚有11所。

村北“盘古旧第”门坊，彩绘已剥落，背面题“守先待后”。大部分旧第已经不复存在，穿插在民居间的几株古樟，成为追古的记忆。

李氏文园支系的总祠“天授堂”前有一座“文园”牌坊，旁有一座新建的“瓦塔”。天授堂悬“理学世家”牌匾，上款“崇祯七年甲戌孟春月立”，下款“副都御史巡抚江西地方解鹤龙题”。天授堂后为“甲第蝉联”宅邸，早已破败。太园组古称文园，是谷村李氏元潭长房。此支二十世祖是“六岁能诗文，且善奇对”，被誉为神童的李献可；三十一世祖李中，明正德九年（1514年）进士，理学名臣，官

护吉大庙

至都察院右副都御史；三十三世祖李日宣，明万历四十一年（1613 年）进士，官至吏部尚书；清初兵部侍郎李元鼎之子李振裕于康熙朝连任工、刑、户、礼四部尚书，人称“一家八尚书”。

6. 湖　洲

峡江县湖洲村，一座紧接沂江，南临蜈蚣山的千年古村落，一处环山而坐的河谷盆地，所辖的 29.6 平方公里内香樟林立、古宅鳞比，养育了一代代优秀的习氏子弟。近年来，湖洲古村充分利用自身悠久的历史内蕴和秀丽的自然环境，大力发掘旅游文化，一首首自然古韵曲调正随着清风在古村徐徐荡漾，给古老的湖洲谱写了新的乐章。

千古湖洲，峡江第一村

湖洲古村，地处峡江县东北，第六批中国历史文化名村之一，2012 年被评为江西省千年古村，目前正努力打造成国家级千年古村落。因一条上可达马埠镇和桐林镇，下可至县治所在地水边镇城区的沂江从其南侧蜿蜒流过，使得它形成了一个山体环绕的河谷地带。在这个肥沃的盆地里，气候温润，雨量充沛，古樟林布，万物繁衍不息。

湖州古村

彩檐筒瓦

湖洲古村的整体布局合理，山水相依，自然环境优美，村内建筑肌理保存完整，历史街巷和水系畅通，人为破坏少。《湖洲花门楼习氏族谱》中有对湖洲地形的详细记载：“湖洲基址呈龟形，中间高、周围低，村东、西两条溪水将村址同良田隔开，四座小桥就像龟脚，稳稳地趴在中间，沂江河水到达此地，不敢冒犯金龟，急转调头向西而去。”

湖洲古村历史悠久，至今保存了众多的历史文化遗迹。有具有传统风貌的古居民屋，有神圣庄严的古祠古庙，或者仅仅是墙角的石磨、堂内的石柱，都在述说着古村的千年历史。低头循着卵石路放足而往，那一幢幢、一排排村巷望不尽，转不出，不知其大，亦不知其深。抬头目光落在那彩檐筒瓦、雕梁画栋、飞楼插空、兽头凤羚、屋檐画册，不禁赞叹古人手笔之精妙、当时之盛世。

说到历史古建筑，花门楼是永远不会绕过去的一个。现今的花门楼仍然不失神圣与庄严，触摸着这几分陈旧与残缺的屋壁，我们还能从其精致典雅的设计中感受到历史的古朴与厚重。花门楼始建于宋元丰八年（1085 年），初名承恩堂，由“文名世第”牌坊、前院、榜堂、继美堂组成。承恩堂内设三进大厅，内柱 34 根，高大宽敞。自右入门出榜堂（古中科举子弟迎榜之所）经庭院，便看见了拥有“仙凡之奇”之称的花门楼。青砖白灰，古朴厚重的花门楼初建以木构架，其之华丽雄伟甚至让远近的人们逐渐将湖洲习氏直称为花门楼人，习氏子孙远出外地，亦自称为花门楼人。

习氏大宗祠位于村东的广场，在这一块开阔的平地上还有天符庙、长乐庵，对面的戏台面向大河和对岸的群山。按当地风俗，当戏台面对宗祠、寺庙才可称为“全台”。这样的布局集祭祀、朝拜、集会、娱乐、交易为一体，是村庄的文化活动中心。习氏大宗祠位于湖洲村偏东，初为明代砖木结构建筑，现存的三进建筑为清代重修的，中间一天井，将之分为前厅、中厅和后厅，现状保存较为完整，是全村人的神圣殿堂。大宗祠原名本源堂，蕴含本族人固本思源、人丁兴旺之意。位于湖洲村沂江岸边的天府庙，现存建筑为清时所建，右楼阁置一大铁钟，重达千斤，是为一大特色。长乐庵则位于湖洲村东面的沂江岸边，同样为清时修建的南北向，一井二进歇山式的砖木结构。位于湖洲村正中位置的是1969年建成的湖洲村大礼堂。整座建筑呈南北向的“工”字形，砖木结构，分前部、后部二层，面阔23米、进深35米，占地面积805平方米。

习氏大宗祠

除了神圣庄严的祠堂庵庙，更有湖洲人休闲娱乐之所——古戏台。古戏台位于湖洲村东面濒临沂江，始建于雍正二年（1724年），后有修缮，台长13米、宽22.7米，占地面约295.1平方米，为六角六柱亭，台右也悬挂铁钟一个，重千斤。

古戏台观看表演

散布于村中的古民居主要为清时砖木结构建筑，现存4处，占地面积约486.34平方米。房屋内结构为木柱、壁板。另有乾隆年间历任知府、按察使、布政使等职的习振翎故居和青石错缝铺砌的三拱聚龙桥。

花门楼人——习氏一族的骄傲

《习氏族谱》中记载着习氏一族的家族变迁。随着族谱的缓缓翻开，一幅画印入我们的眼帘——北宋宝元元年（1038年），一位饱经风桑的老者正站在船头悠悠然陶醉于赣江沿岸的无限风景。这位老者就是湖洲始祖习远（991–1055年，字有毅）。这并不是一次简单的外出游行，而是远公卸任任职7年的吉州府刺史后的举家搬迁，顺赣江而下，逆沂江而上，来到了这一处僻静闲处。这一处群山环绕、青山绿水之所却荒无人烟，是当地的石阳旧址。石阳县始建于东汉永元八年（96年），经过历史变迁渐成丘墟。远公正欲寻觅一块幽居之地以度余生，见此地群山重叠，山谷各溪汇流沂江，自东向西奔腾不绝，便以重资买下了这块地方，“将家始焉，改名湖洲”，置田拓荒，修路架桥，兴学育后。远公育有三子，长俊、次僚均取得功名而仕，以诗书继世，耕种为本，忠孝传家，传至五代男丁达70余人，人口的快速增长让这块旧地熠熠生辉，可谓风和水宜。

花门楼

北宋元丰八年（1085年），第三代后裔长孙习仁德凭借着前三代积攒的丰厚家资，率领家族子弟大兴楼宇，承恩堂、榜堂、花门楼及其他十余间屋宇同时落成。据记载，河南邓州堰子习营的习氏始祖习思敬曾自言自己是江西省临江府新干县花门楼人，河南邓州堰子习营即是湖洲分支。习姓外迁众多，如新干习家坊、赤冈塘、塘头、罗陂、廖家、水背、小安以及山西、河南堰子习营等地的习姓，俱是从湖洲花门楼外迁的。故“花门楼”是“源流”之花，花开遍地，源远流长。明成化十三年（1477年）后辈习贤主持重修承恩堂，并改继美堂，更花门楼为石牌坊，题名“文名世第”。湖洲目前为全国习氏后裔聚集地之一，居住着1000多户4000多习姓村民，是目前峡江人口最多的村。

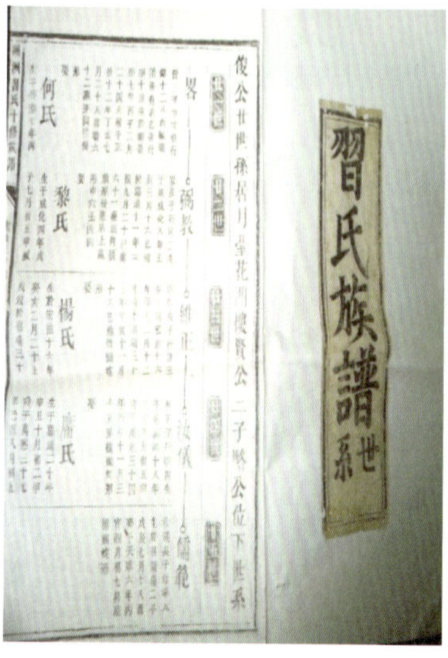

习氏族谱

湖洲村习氏一族英才辈出，志士豪杰流传千古，其中有父子、叔侄同科登仕，有成为朝廷的要员。南宋时有习添锡（1199–1262年）奉征辟任广东广州府顺德县尹县，元时有习玉琪（1253–1317年）任四川宁远府盐源县尹县，明时有习仕业（1431–1503年）奉征辟授四川绵州刺史，清时有习隽任翰林院庶吉士、詹事府少詹士兼翰林院侍讲学士、顺天府乡试考官、湖南学政，封中议大夫等。更有勇士豪杰，血洒疆场。清咸丰七年（1857年）、咸丰九年和十一年，太平天国将领石达开带军三次路过湖洲，村中八百

湖洲村擎香龙

男丁充军，佑我家园。

湖洲人以其贤勇之才流传于世，更给后人留下了大量的风俗民情回味至今。2011年3月，被列入峡江县第三批非物质文化遗产名录的就有湖洲采茶戏与湖洲村擎香龙。湖洲采茶戏活跃于峡江、新干、吉水、永丰、新余等市县农村，深受群众欢迎。其以本地山歌曲调为主，历年来演出的主要剧目有《秦香莲》《孟姜女》《孙成打酒》《三拜花堂》等四十多个。而每到稻谷丰收时节，即每年的八月十五前后，村民便以稻草搓成粗大绳索，捆扎成龙首龙尾以形同长龙，绳索上插上点燃的香枝。中秋之夜，村民高擎香火草龙，狂奔飞舞，穿梭于村庄小道上，以庆贺丰收，感谢神灵和祖先保佑，祈福来年五谷丰登。在皓月之下，稻田旷野之中，火龙腾云驾雾，其景十分壮观。当然还少不了乳白明亮、食之软而不粘的湖洲麻糍，古朴庄重、典雅俏丽的湖洲竹编，至今传唱的湖洲民歌《打柴歌》《清早起来雾漫天》，风格独特、艺术精湛的湖洲剪纸，保存着古贤风范的湖洲对联……

湖洲村作为一座历史文化名村，除了大祠堂、天府庙、长乐庵和古民居，还有华英书院、临清书院、古樟群，皆见证着千年古村往日的辉煌。她的文化内涵博大精神、源远流长，虽然现今繁华不再，留下了旧迹斑斑的古屋、古樟、古桥，但它们就像永不停歇的沂江一般流经历史风霜，宛如一首首经典传世的民歌，一脉永恒不灭的村魂。

7. 永　和

吉安县永和镇，位于江西中部、赣江中游，紧靠凤凰山，北与庐陵文化古城吉安（今吉安市吉州区）隔江相望。据明《东昌志》记载："永和名东昌，地旧属泰和，宋元丰年间（1078–1085年）割属庐陵，遂以泰和为西昌，永和为东昌。东昌之名，肇于此"，素有"古庐陵，吉州天华物宝城；老东昌，永和人杰地灵群"之称。中华民国三年（1914年），因改庐陵县为吉安县，所以永和隶属吉安县。1994年5月撤乡改镇。

永和是一座积淀了丰厚文化底蕴的千年古镇，也是闻名遐迩的吉州窑的所在地。吉州古窑兴于晚唐，盛于两宋，衰于元末，因地命名，因当时永和又为东昌县治，故又名东昌窑、永和窑。从唐末五代起，"民聚其地（永和），耕且陶焉"。青原"鸡冈岭"优质的瓷土原料，便利的交通条件，邻近的丰城洪州窑、新干塔下窑等的相互促进，都让吉州窑得到了飞速发展。该窑的产品种类繁多，有建窑的黑釉瓷，有定窑的白釉瓷，有景德镇的青白釉瓷，有仿哥窑的百圾碎瓷，还有磁州窑的白地黑花釉瓷等，虽是五花八门，但各有特色。吉州窑最著名的属木叶纹黑釉茶盏，它是将树叶平贴施过黑釉的盏内，高温下叶灰融入釉中烧制而成。当在盏里盛满水时，便会出现叶子漂浮在水面上的奇妙幻景。据《永和镇志》载，吉州窑兴旺时窑工不下三万人。《景德镇陶录》也记载过："江西窑器，唐在洪州，宋时出吉州"，"先有吉州，后有饶州（景德镇）"，"今景德镇陶工故多永和人"。瓷业的兴盛，又带动了永和镇商业、手工业等相关产业的发展。一时商贾云集、樯桅林立、车辐辘辏，成为"舟东一大都会"。宋代元丰年间，永和镇被称为"天下三镇"之一，同湖北汉口镇、

吉州窑陶瓷

广东佛山镇并称为宋代三大名镇，有“六街三市”、“七十二花街”之说。当时的人们提及“庐陵之盛”，都知道“萃于永和”。

吉州窑是我国古代极负盛名的一座综合性民间窑场，亦是世界上至今保存最完整规模最大的古代民窑遗址。经考证，吉州窑到了明朝中后期就停烧了，《景德镇陶录》中记录的颇有名望的“永和五窑”也全都倒塌，只留下24处堆积物，当地人称之为“窑岭”。虽然吉州窑的衰败原因，至今众说纷纭，但其独创的木叶贴花瓷、黑釉剪纸等工艺仍流芳千古，享誉世界。

永和的秀美山水和发达的制瓷业也吸引了许多骚人墨客来此游历。唐宋八大家之一的苏轼、大书法家和诗人黄庭坚、“诚斋体”创立者杨万里、民族英雄文天祥以及胡铨、刘辰翁、解缙、罗洪先、王守仁等，或于此访友，或于此览胜，或于此讲学，或于此小住，留下不少诗文和遗迹。永和镇“东昌十五景”，一景一段历史、一桩故事，累被文人吟咏。“苏黄台”是苏东坡、黄庭坚讲经论道的地方；“明秀楼”有宰相周必大的诗咏；“金钱池”有状元罗洪先的诗咏；“东坡井”是苏东坡会见农学家曾安止，为其所著《禾谱》补写农具图，并作《秧马歌》的见证。如今古迹名胜历数百年，天灾兵祸，多已湮没，有的仅存遗迹，而建于唐代的本觉寺塔依然耸立在古窑遗址上，成为永和古镇的标志。

物华天宝的永和也诞生了很多仁人志士，正所谓“东昌府人才辈出通四海，吉州窑陶瓷名扬贯九州”。南宋三朝宰相、文学家、胶泥活字印刷试验成功第一人周必大，晚年定居故里，著《平园集》200卷。自学成才的南宋教育家进士出身的欧阳守道学

木叶纹黑茶盏

（木叶天目盏）

吉州窑陶冶坊

吉州窑陶瓷文化展示区（窑岭曾家古村）

识渊博，先后受聘于吉州白鹭洲书院和长沙岳麓书院讲学，培育了许多人才。南宋状元宰相、民族英雄、文学家文天祥便是他的得意门生之一。坚持抗金的名臣欧阳珣等许多名人志士都诞生在这里。永和也是井冈山下的革命根据地，全镇革命烈士252人，诞生了5名共和国将军。中华民国时期有将军易毅、曾昭深、廖若谷等。中华人民共和国成立后更是人才济济，现当代名人有原内务部部长曾山，原国家副主席曾庆红，原北京军区参谋长罗文坊。地灵人杰，代有名贤，造就了永和镇人文鼎盛，名胜遍地。作为集名人历史文化、古色陶瓷文化、红色革命文化为一体的千年古镇，永和被评为江西历史文化名镇。

2013年11月30日，占地面积2.8平方公里的吉州窑遗址公园建成并正式开园对外开放，衰败了数百年的吉州窑也重燃了窑火。由商贸区（东昌路宋街）、陶瓷文化展示区（包括吉州窑博物馆、文化广场、观演戏台、古村落等）和吉州窑遗址公园（包括陶苑、陶冶坊、清都观、舒翁轩、环秀轩、本觉寺塔、龙窑等）三大主题区域组成的吉州窑遗址公园，每年都吸引着全国各地的游客前来参观游玩。

永和镇地不甚广，却拥有丰厚的历史、灿烂的文化、辈出的人才。纯朴的永和人，凭借自己的智慧和勤劳，用这一方水土酿出了永和当地醇香的冬酒，制成了鲜白嫩滑的永和豆腐，种植出甘甜多汁的沙土萝卜，滋养着一代代永和人，招待着一批批四海来客。

本觉寺塔与龙窑

8. 塘　边

古村古貌

塘边村，是赣中安福县洲湖镇一个自然村，2003 年 8 月，经江西省人民政府批准，列为省首批“历史文化古村”。2012 年 12 月 19 日，住房城乡建设部、文化部、财政部三部门发通知公示第一批中国传统村落名录，塘边村被列入名录。2014 年 3 月 10 日住建部公布第六批中国历史文化名村名单，确定塘边村为全国历史文化名村。该村 470 余户居民皆姓刘，家谱上称之为“长沙刘”。该村始建于晚唐，初盛于宋元，辉煌于明清，这个刘姓家族维系了近千年历史。

这个村目前尚存明清古民居 100 多幢，成群连片。远远望去，灰砖青瓦，淡雅明快，高墙巨宅，气势恢宏。四周有古樟翠柏掩映，更显古韵浓郁。塘边村现存有四处“群落”民宅，“群落”民居既不像北方的大宅院，也不同于客家的围屋，简单地说，就是在村

塘边村全貌

庄里有数个大院子，每个大院子里面又有很多小宅子。历史学家周銮书先生偕同国家文物部门的专家学者实地考察，认定此处民居为群落式结构，历史文化内涵丰富，积淀深厚，在我国南方古民居遗存中独树一帜。

塘边村不靠山，不临河，地处丘陵盆地，整个村庄由东边、西边两部分组成。居中四顾，村庄是一个圆形。西边是村的中心，也是一个圆形。村中，20多口大水塘连接成片，塘边村的东、西两处都有小湖池塘，传说八仙中的铁拐李路过此地饮酒歇息时，听到左右数栋茅屋里传来学童的琅琅读书声中含有一句“地虽好，无水饮”，便将左右怀抱的酒坛向东西一抛，形成塘边村现在的清江潭和神功庵，方便村民的生活与灌溉，“塘边”这一村名也因“围塘而建”而来。塘岸用块石和条石砌就，岸边细柳拂水。民居沿水塘四周而建，布局合理，与自然环境融为一体。风平水静时，村落屋宇、翠樟古柏、天光云影倒映水中，宛如天上人间，更显一派江南水乡风光。文明坊“群落”石柱有联曰：“池临户处观鱼变，柏绕堤前引凤飞”，就是生动的景观写照。村庄建成圆形，在我国古民居中也属罕见。塘边人耕读立家，崇商重文，村庄成圆形格局，它既非地域所限，也不是设计者标新立异，而是与传统的家商文化有关。自古以来，商人相信“商家大门不朝南”的训诫，因为商属金，南方属火，火克金，不吉利，所以必须回避。村庄成圆形布局，不管是单幢民居还是“群落”民居，大门的朝向位置便于选择变换。从塘边村现存的古民居看，大门的朝向是多方位的，有民居故意把大门开得偏斜，或用屏墙或用照壁挡着，都是为避开正南方向。

对于塘边村的圆形还有一说，因其地形为“珠形”，又有“乌云罩珠”之势 。珍珠为圆形，是象征珍贵高雅之物，民居沿珠而建，居民自然是身居宝地了，所以有“趋时尚中之灵，安身立命之道”的说法。塘边人素来关注“来龙去脉”，古时就在村东和村西建起了土堤和石堤，扼守两端，把守“龙脉风水”。专家们说，塘边祖先对村庄的选址、定位、规划、布局是颇费心思的，力图体现出天道与人道、自然与人为相类相通的“天人合一”、亲和自然的价值观、审美观，同时也浸润着“耕读固本，家商发家”的家商文化底蕴。

塘边村全村一概姓刘，系出西汉长沙王刘发。唐末开基以来，族人繁衍，耕、读、商三业并举，有“塘边老表一把伞，走到外地当老板”一说流传至今。塘边人经商，初盛于宋元，辉煌于明清。明末清初，塘边人开的商号铺店可以连接成一条长街，食油业、典当业几乎被他们所把持。塘边村的有识之士，既提倡“贾而好儒”,“商而兼士”，商户财主中，买来爵位，既有钱又有势，身价百倍，修建的祠堂府第，都冠以“大夫”、

“司马”之类爵位，树碑立传，以此融入上流社会，为族人增光添威。清朝中后期的大富豪刘广华（济美堂）、刘略棠、刘瑞班（致美堂）为了巩固自己有钱有势的地位，除买官、鬻爵、重视教育外，在经济运作上，把钱财用于购置田土山林，建造房产，以积聚固定资产的方式留给子孙。塘边村的“群落”民居，大都是这一时期建起来的。

文明坊“群落”，是村中最大的“群落”，有民居24幢，围墙一丈多高。“群落”内民居的内部装饰非常精致，花鸟虫鱼、历史故事、吉祥图案等形态各异，令人叹为观止，其中尤以清咸丰时期刘致美、刘继美兄弟在两个月内召集千名工匠、万名劳工同时建成的“八栋屋”和“大夫第”最具代表性。

高耸的马头墙

“八栋屋”是老大刘致美所建，占地面积1280平方米。砖木结构，硬山顶，巷道由青石板铺就，房屋正面有两个大门，室内装饰兽禽花卉、戏剧人物故事，或雕刻或彩绘，内容丰富，工艺精美。

“大夫第”是弟弟刘继美所建，占地面积约500平方米，正房门楣横镌“大夫第”三个楷体大字，其上嵌戏剧人物故事石雕，屋内有三个藻井，柱础、雀替、隔扇、窗棂皆以鎏金木雕装饰。

塘边村现保存着的4处“群落”民居，所有主房没有倒塌、拆毁、改建现象，保护较好。由于年代久远，虽显得有些陈旧破败，但作为古民居，仍不失其典雅风貌，具有历史遗存价值。“群落”的院墙有一丈多高，没有窗户，呈半封闭状态。每个“群落”有一至两扇大门，有的是牌楼式，有的称为“马廊”，意为到此者下马下轿，步行入内。进入“马廊”有一小厅，两边设耳房，是门子、更夫的住所。各个“群落”都是统一规划，自成一体。内中民居，从格式、大小、高矮到建筑材料的规格、质地、颜色大体是一致的，一幢幢纵横排列，总体成“棋盘形”。前后两幢相距不足两米，两边巷道只有一把张开的雨伞那么宽。山墙高耸，势如瓶角，不但雄伟气派，而且起着防风、防雨、防火的作用。民居建筑工艺精巧，质地坚固；砌墙的青砖经过打磨，墙体平整光洁，楼板屋瓦都是双层，防漏隔热效果好。这些窗架、墙角、础石、台阶、阴沟，均用青石凿成不同规格的材料，砌得严丝合缝，既美观又耐用。室内装饰古朴文雅，颇具“上流”人家气派。家家户户堂牌镜屏、香炉一应俱全，窗台烛柱、扶椅茶桌古色古香。“群落”民居的木雕木刻、宝壁漆画很有特色，可以说，凡是有木结构的地方就有精美装饰，诸如人物山水、花鸟虫鱼、戏曲故事、吉祥图案，可谓异彩纷呈，栩栩如生。

各个“群落”一侧均建有祠堂，如文明坊的“慈德堂”、八栋屋的“致美堂”等。祠堂本是陈列祖宗牌位、子孙祭祀先祖之所，由于“群落”居民相距紧密，巷道狭窄，娶亲嫁女进不得花轿，老人过世抬不出灵柩，所以祠堂还是各家举办红白喜事的公共场所，这也是塘边“群落”民居的另一特色。

古村新风

如今的塘边村在洲湖镇政府的支持和帮助下，大力保护和维修这些古建筑群，同时，也跟上时代的步伐，修通了一条条水泥路，建起了一幢幢新楼房。村庄里的树木郁郁葱葱，出门劳作的村民的身影倒映在池塘中，整个村庄显得宁静而又生机盎然。塘边村四周丘陵环抱，林木葱郁苍翠。村子中间池塘星罗棋布，水清如碧，是禽鸟栖息的理想环境。因而，每天都有众多鸟儿在池塘四周嬉戏，或翩然起舞，或振翅盘旋。这些可爱的鸟儿与村人和平共处。在路上觅食时，它们像家禽一样大摇大摆，不躲避路人，憨态可掬，人见人爱，为千年古村再添了一道迷人的自然景观。

在洲湖镇塘边村文化礼堂，每年的乡村“春晚”总能让人全身各处感官体验出“年”的味道。从民俗表演《十碗菜》到《花轿接亲》，从《家和万事兴》到《爱的华尔兹》，精彩节目一个接一个，台上演员全是当地老表，表演精彩，台下观众看得乐呵呵。“表嫂茶”更是这里一年一度的活动。过完元宵节，趁着过年喜庆的余韵，每家都开始准备“表嫂茶”。各家各户的表嫂们在每天的早饭过后，从村头第一家开始，一天喝一家，家家都要轮个遍，一直要喝到最后一家才会结束。即使是个外乡人，也可以在门口吆喝一声，叫一句“表嫂”，每家每户都会愿意奉上一杯热腾腾的“表嫂茶”。哪怕是以前有过纠纷的几家人，也会借着喝茶把过去的不快一笔勾销，这样整个村子在新的一年大家都能团结和睦地相处。

饱经沧桑的古村，恬静、祥和，村里古建筑众多，风景优美。由于声名开始远播，来塘边村游玩的游客也多起来了，大都是慕名而来的自驾游、自助游旅客。如今的塘

塘边古村一角

边村老表也开起了农家乐，游客可以吃正宗的农家饭，喝土鸡汤。这是真正的古村落，未施脂粉的风光，真实、自然。

9. 柘　溪

柘溪村，位于安福县金田乡，距县城42公里。村庄院落古老幽深，自然景观秀美如云，人文底蕴深远厚重，为第一批中国传统古村落，也是江西历史文化名村，享有“进士村”的美誉。

厚重的文化底蕴

柘溪村始建于北宋时期。据族谱记载，柘溪村建于北宋大中祥符年间（1008–1016年），由曾任西凉郡守的刘楚翁卸任后在此开基繁衍，为柘溪刘氏的始迁祖。柘溪刘氏系吉安市水部刘氏一支，千余年来，其后裔繁衍生息于此，如今到了第三十六代。2000年，在该村建村一千年时，村民还在村口建有一座刘楚翁纪念碑，以纪念这位开基始祖。

村内建有一刘氏总祠，距今600余年了，位于村内“蛇形山”脚下，坐落在古村中央。祠堂坐东朝西，占地面积约130平方米，青砖外墙上刻有不少铭文，为“柘溪

重门重檐的刘氏祠堂

瑜造”。据《柘溪刘氏族谱》记载，“瑜”即刘瑜洁。总祠是洪武年间由其所建，梁架式与穿斗式结构，屋面坡度叠加，象征步步高升。总祠由13栋分祠组合而成，各分祠重门重檐，雕梁画栋，其墙体上雕刻着精美龙凤、花鸟人物组成的浮雕图案，木刻金字牌联，以及各种字迹的碑文，无不彰显出当时人文鼎盛、富庶祥和的景象。大厅柱子上的两副对联“世上几百年人家无非积德，天下第一件好事还是读书”、“万代家风惟孝悌，百年世业在读书”明显是在告诫后辈发愤读书，以期光宗耀祖，也充分体现了柘溪村人尊儒重教、对文化的重视。柘溪村虽然规模不大，但据相关史料记载，从宋至明清时期，村里曾出过92名秀才、18名举人、1名贡士、14名进士。可谓场场有中，榜榜有名，一路连科，在当时闻名整个庐陵。

最吸引人的当属该村神秘的“儒、佛、道”共存的建筑文化。有始建于清朝康熙年间，浓缩了儒教文化精髓的“进士亭”；有始建于清朝咸丰年间的“山角书院”，书院内包含可彰显道教要义的“文昌阁”和“魁星楼”；还有建于清朝顺治年间，体现了佛教立

柘溪村古建筑图

意的“竹林寺”。三个古建筑互为犄角，遥相呼应，构成一个独特的文化三角。这种和谐统一、并行不悖、相得益彰的文化现象在全国都属罕见。对于研究明清时期的江南地区宗族民俗、文化与建筑等具有重要的历史价值。

古朴清淳的民风

凡读过台湾诗人余光中写的《乡愁》都知道乡愁的深刻含义。柘溪村曾被人推荐为百个“最具乡愁的村庄”。

走进柘溪村，可触摸被岁月洗礼过的斑驳古墙，领略古村依旧保持着的原生态风貌以及村间透着的古韵。村中有100余幢明清古居。村子里的古居大都是独立的，显得与众不同。古屋的屋檐，以及门上的凉亭都经过了刻凿，有的精致，有的粗糙，而且上面的图案也不尽相同:有花鸟鱼虫，有娶妻嫁女的，有看书写书的，有品茶下棋的，有儿孙拜寿的，很富有农家生活情趣。

在一幢老屋的墙壁上，还隐约可见当年的祖宗留下的刘氏祖训：“……父慈子孝，兄友弟恭。士农工商，各显淳风。长幼和睦，气度宽容。青年志学，经史勤攻。壮年出仕，清廉孝忠。”这可是古村遗风、育人的精髓。村内至今还保留了30余株古樟、80余株古柏。在村庄的后面，有两道清泉溪流蜿蜒而过。附近山岭森林茂盛，柘溪村人世代在这青山画廊里且耕且读，繁衍生息。

最让人不能忘的是村里建有“义仓”。柘溪村的“义仓”建在刘氏总祠的东侧，可储公祠粮食9000石，用于祭祀和救助困难的村民。当时村中有各种会社，如老文、务本、孝友等，置有土地几百亩，分布在方圆五里区域，每年收的稻谷，过秤入仓，仓廪殷实。村中传颂着这样一个清代进士的故事：该村曾任杭州太守的刘汝璆，早年其家境十分贫寒，有一次其父挑柴去县城卖，路遇县太爷鸣锣开道，被差役用皮鞭抽打，感到人格受到侮辱，他便发愤读书，在村里“义仓”的帮助下，最后进士及第做了官。在那个“民以食为天”的年代，“义仓”储备的物资就是用来救助贫困村民的，解决了村中那些莘莘学子的后顾之忧。这也是柘溪村能够出这么多名举人、进士，文风鼎盛一时的缘故。这一民风至今仍值得我们发扬光大。

古老的民居、古老的祠堂、进士亭、书院宅墙上的祖训民风，无不彰显出中国古代文化在这里传承，令我们后一代去学习、领略、弘扬。

10. 樟枧

巍峨磅礴的罗霄山脉中段，物华天宝的赣西边陲，有一闻名遐迩的古县永新，境内东南的义山高耸入云，雄奇秀丽，北麓东行相随永里公路约十五里，戛然而止，迎面有溪流山田，溪水上有大型石拱桥，桥头两端房屋数幢，上游百十米，有一村落，此为历史悠久的樟枧村，古称白茅洲。

远望樟枧古村

樟枧村隶属石桥镇，东面与黄岭、环浒村相对，南与荷塘村相望，西南与白鹭村接邻，西面傍依河边岭，北边和长溪田垄相接。义山北麓碧波崖的山涧溪水养育了樟枧村民，神口溪、梅田溪一东一西在村东汇合，为古村提供了丰富的地下水。樟枧村地势平坦，土地肥沃，古银杏树、古黄檀树、古柏树相得益彰，交相辉映，衬托出村庄的环境优美、古老与原始。

樟枧村始于宋朝，由刘姓聚族而居，迄今已历千年。村落呈四方形，范围约 0.3 平方公里，村小组 12 个，人口近 2000 人。村中刘姓占 85%，另有朱、吴、尹、龙、聂等姓。村内有建于明代、重修于清末的刘氏家庙古祠堂，有保存完好至今还在使用的古桥古井、古民居和枝繁叶茂、遮天蔽日的千年银杏树，有官至一品散官的刘敷、南京工部屯田郎中的刘善、著有《衡汀集》并被编入中学课本的刘孔愚等历史人物，还有第二次国内革命战争时期的红军医院、红军被服厂、红军标语、红军图画等红色文化。

明朝是该村文化建设的鼎盛时期，刘敷等先贤带领村民挖井、修道、建祠、修庙，兴办公益事业。建了九口水井，现尚存三口古井；架了两座砖砌拱桥，即青龙桥、清源桥；

刘氏家庙古祠堂

为传说中的五位坛神，建了五座坛神庙供村民祭祀。

樟枧村以文风鼎盛而闻名四乡。明朝三司二品右都御史刘敷，字叔荣，号扬休，刚正不阿，威震朝野。明朝嘉靖年间村里出了位文学家刘孔愚，著有《衡汀集》，至今部分地方中学课本还收录有《衡汀集》的文章。明清时期，樟枧村有351人在朝任职。在崇尚"学而优则仕"的封建时代，举人和进士衣锦还乡时，大都大兴土木、装点门庭，光宗耀祖，既丰富了村庄的古色古韵，也给后人留下了一笔宝贵的人文资源。2012年，樟枧村被列为江西省第四批历史文化名镇名村。2015年，获"百个'最具乡愁'村庄"的推选。

【拓展阅读】

千年文化古村——樟枧（网络博文）

踏着斑驳凝重的鹅卵石路，穿行在幽深小巷，俯拾皆是的古井、古桥、古祠、古宅、古木，宛如久违的民谣吸纳肺腑，融入血脉，撞击灵魂，让仿佛步入人间仙境的我，陡然飘升于历史的天空，忘情地捕捉剔透温润的过往时光，以及时光宝盒里珍藏的文化珠玑。这就是荡漾古风诗韵的樟枧村——位于永新县石桥镇的千年文化古村。

初见樟枧村，她像一位冰清玉洁、明眸皓齿、婀娜多姿的少女。一脉碧绿沁凉，游鱼细石清晰可见的水渠在村中央缠绵蜿蜒，形成鬼斧神工的聚宝盆形状，那是少女身披的柔美纱巾。村里呈三角形分布的三口千年古井，恰似少女的一双明眸和一张樱桃小嘴。其中一口古井至今泉水日夜喷涌、清冽甘甜，村民都爱饮用，且亲切地唤作"聪明泉"（因古井为村里明朝成化年间官至二品的右都御史刘敷出资兴建，刘敷是樟枧村出的最大官员和最有学问的文人；另外明朝嘉靖年间村里出了位文学家叫刘孔愚，著有《衡汀集》，至今部分地方中学课本还收录有《衡汀集》的文章；

同时，村里的孩子皆饮过此井水，考上大学者众多，甚至好几位出国留学，成为硕士生、博士生。综此上述，故曰“聪明泉”）。点缀在一栋栋古宅之间的43口池塘，不正像少女裙幅上镶嵌的颗颗珍珠，在阳光的照射下，闪烁出亮丽的光芒。而村边的青龙桥、清源桥、六板桥、啄木桥等古桥，宛如少女头上的玉簪，小巧精致，美轮美奂。呈弧形环绕樟枧村的古银杏、古黄檀、古香樟、古柏树，恍若少女身上的一条绿色披肩。最令人惊叹的是，村后一座绿树成荫的山上，有一口约为80平方米的天然池塘，塘水从未干涸。塘边古松繁茂，花草葳蕤生机。这口被尊称为“圣水”的神奇池塘，就像是少女头上戴着的那颗最大也是最璀璨的宝石。历经漫长岁月的侵蚀，依旧光彩夺目。

如果多几次游览樟枧村，你会发现，樟枧村又像一条色彩变幻、引人入胜的画廊。春天，画廊的主打色彩为绿色。蓝绿的远山、青绿的禾苗、嫩绿的小草、幽绿的溪水、黄绿的苔藓、浓绿的藤蔓……宛如无数绿色小精灵在调皮地与你捉迷藏。层次分明、摇曳多姿的绿，定让你心旷神怡，如同在欣赏一段起伏跌宕、妙不可言的交响曲。夏天，画廊更多地呈现出金黄色。金黄的稻穗、金黄的野菊花……就连村民的吆喝与孩童的梦呓，也涂抹了一层金黄的色调，那是丰收、大气、张扬的颜色。秋天，一片片悠然飘落的枫叶，折射出红彤彤的光彩；一枚枚红透的果子，昭示着村民甜美的生活。冬天，樟枧村凸显出天然本色。这是一种穿透时空、内涵丰富的青色。青色的屋瓦、青色的墙面、青色的小巷……记录了历史的沧桑，演绎出一个个古老的传说。四季色彩不同，而每天不同时段的樟枧村，色彩也变幻无穷。清晨，樟枧村一般笼罩在淡蓝蓝的氤氲中，就像童话中的奇妙世界。午后，由于村内小渠纵横，且有近百亩池塘，阳光透过枝网照射过来，樟枧村竟散发出一种只有万花筒里才有的色彩，斑斓耀眼，仿佛有无数面镜子从不同角度映照村子。而到了傍晚，夕阳西下，樟枧村沉浸在宁静柔和的绯红之中，像一位洞房花烛夜的女子，羞涩、幸福、妩媚。

徜徉在樟枧村的心灵深处，特别是吮吸着从她纷繁史册里散发的书香，你一定会情不自禁地说：“哦，樟枧村更像一坛浸泡文化的老酒。”看，村头气势恢宏的刘氏家庙，始建于明朝，改建于清朝，至今保留着两块记录村里辉煌历史的石碑。那硕大的顶梁柱子，那精美的门窗木雕，那隐约可见的红军标语及宣传画，无不飘逸浓浓的文化气息。还有村中央由6栋连片明清古宅组成的古村落（以前是一座私塾学馆），虽已经废弃，但可以想象当年血气方刚的书生们指点江山、激扬文字的情形。

5座庄重典雅的坛神庙，分布在樟枧村的不同方位，年复一年地静静守护村里的福祉。而3座古色古香的祠堂，如今变成村民的文化俱乐部。每逢农闲时节，由农妇组成的“巾帼鼓乐”剧团，以各种鼓类为主要乐器，自编自导自演地道的农家节目，在2006年全县首届农村文艺调演中还荣获第一名呢！

这就是樟枧村，一座水做的村庄，一座联结古代与现代文明的桥梁，一座让人迷醉让人沉思让人惊叹的文化殿堂。

村民在表演鼓乐

四 民俗风情

Minsu Fengqing

1. 吉安采茶戏

采茶戏，一种流行于江西、湖北、湖南、安徽、福建、广东、广西等省区的戏曲。在各省，还以流行的地区不同，冠以各地的地名来加以区别。如广东有“粤北采茶戏”，湖北有“阳新采茶戏”、“黄梅采茶戏”、“蕲春采茶戏”等等。这种戏，尤以江西较为普遍，剧种也多。虽然这些剧种名目繁多，但形成的时间，大致都在清代中期至清代末年这一阶段。

江西采茶戏，主要发源于赣南信丰、安远一带，最早的采茶戏与盛产茶叶有关。明朝时，赣南、赣东、赣北茶区每逢谷雨季节，劳动妇女上山，一边采茶一边唱山歌以鼓舞劳动热情，这种在茶区流传的山歌，被人称为“采茶歌”。后来由民间采茶歌和采茶灯演唱发展，继而成为一种有人物和故事情节的民间小戏，由于它一般只有二旦一丑，或生、旦、丑三人的表演，故又名“三角班”。赣南采茶戏形成后，又分几路向外发展，与当地方言和曲调融合，形成赣东、西、南、北、中五大流派，每个流派中又有不同的本地腔。而江西采茶戏总的特点是：表演欢快，诙谐风趣，载歌载舞，喜剧性强，富有浓郁的乡土气息，颇受群众喜爱。

吉安采茶戏就是江西汉族戏曲剧种之一，最早源于清中叶，在吉安府的中部和北部几县农村流行的一种由灯歌演变而成的花鼓戏。通常情况下一个戏仅有一丑、一旦、一生三个角色，故又称“三角班”或“三小戏”。伴奏乐器有竹木邦、小锣和正反手胡琴各一件，演出剧目多为表现古代汉族劳动人民的劳动和爱情的单头戏和“三小戏”。

清末，曾经一度在永丰、吉水、吉安盛行的宜黄戏和汉剧相继衰落，许多宜黄戏、汉剧艺人加入花鼓戏班，使花鼓戏在唱腔、行当、角色、演奏等方面均得到充实，发展为“七唱三打”的半班，后又增加了青衣、正生、花脸等行当角色和唢呐、笛子、堂鼓、锣、钹等乐器，并能演出整本大戏。花鼓戏、三角班、半班既是同一剧种，又有一些差别，后来统称吉安采茶戏。

传统的剧目中吉安采茶戏很丰富，统共分为三大类：单头戏、三角班戏、半班戏，其唱腔和表演具有鲜明的吉安地方特色。它的唱腔吸收了山歌小调的素材，粗犷、朴实、易于表现现实生活，共有100余种曲调；表演还保留了灯彩的风格：诙谐、欢快，如小丑坐矮桩、走矮步，小丑走小脚步，小生要折扇等。

据史载，第二次国内革命战争时期，在“革命的摇篮”井冈山一带曾用采茶戏形式和采茶戏曲演出过《大放马》《欢送哥哥上南方》《志愿当红军》等节目。唱腔分半班类、三角班类、南北词类、小调类四类。其中，在解放后整理的生活小戏《补背褡》在当时影响较大。

从唱采茶歌发展为采茶戏有几个阶段。最早的采茶歌只唱小调，每句仅有四句唱词，如“春日采茶春日长，白白茶花满路旁；大姊回家报二姊，头茶不比晚茶香”。这种小曲生动活泼，委婉动听。后来，采茶歌再经发展，便由采茶小曲组成了“采茶歌联唱”，名曰“十二月采茶歌”。如“正月采茶是新年，姐妹双双进茶园。佃了茶园十二亩，当面写书两交钱。二月采茶……”。

采茶戏表演

之后，“十二月采茶歌”又与民间舞蹈相结合，进入元宵灯彩行列，成为“采茶灯”。“采茶灯”的主要唱调是“茶黄调”、“摘茶歌”、“看茶调”、“报茶名”等。它由姣童扮成采茶女，每队八人或十二人，另有少长者二人为队首，手持花篮，边唱边舞，歌唱“十二月采茶歌”。这种“采茶灯”形式简单，纯属集体表演的歌舞，但是它已向采茶戏迈了一步。

这种采茶灯（又名“茶篮灯”）的演出已是采茶戏的雏形了。随之不断增加新的内容，又涌现了表演其他劳动生活的、由二旦一丑或一旦一丑扮演的小戏，因用采茶调演唱，一唱众和，尚无管弦伴奏，便统名为“采茶戏”。采茶戏因是从民间歌舞、灯彩发展形成的地方戏曲，演出剧目又多反映劳动人民的生活，其音乐唱腔又多民歌风味，故深受人民群众喜爱。

茶对戏曲的影响，不仅在于直接产生了采茶戏这种戏曲，更为重要的是，茶文化已广泛地渗透于戏曲艺术之中。剧作家、演员、观众等都喜好饮茶，茶文化浸染在人们生活的方方面面，以致戏剧也须臾不能离开茶。如明代我国剧本创作中有一个艺术流派，叫“玉茗堂派”（也称临川派），即是因大剧作家汤显祖嗜茶，将其临川的住处命名为“玉茗堂”而引起的。汤显祖的剧作，注重抒写人物情感，讲究辞藻，其所作《玉茗堂四梦》刊印后，对当时和后世的戏剧创作，有着不可估量的影响。在这点上，茶使汤显祖在我国戏剧史上所起的作用，当不会限于流派的一个名字上。

又如过去不仅弹唱、相声、大鼓、评话等曲艺大多在茶馆演出，各种戏剧演出的剧场，又都兼营卖茶，或最初也在茶馆。所以，明清时，凡是营业性的戏剧演出场所，一般统称之为“茶园”或“茶楼”。

吉安采茶戏主要是以唱为辅、以念为主的形式，相信吉安本地人，仍对吉安采茶剧院有印象。而时过境迁，当年的采茶剧院早已迁址，但是吉安人民对采茶戏的记忆依旧。采茶戏不仅仅是中国历史的文化瑰宝，更见证了吉安的文化历史发展历程！

2. 吉安县鲤鱼灯

在吉安县西北角 22 公里处，泸水两岸旁，坐落着一座千年古镇，吉安县四大古镇之一的固江镇，从这不到 120 平方公里的小镇走出了黄炳、欧阳观等十几位进士，走出了中科院院士、著名数学家、原北京师范大学校长王梓坤，走出了两位共和国少将欧阳家祥和郭延林，更走出了全国非物质文化遗产——固江鲤鱼灯。据固江镇棚下村村民介绍：200 年前的清朝乾隆年间，他们的祖辈于赣南的兴国、于都、南康一带漂泊至棚下村，沿泸水河定居，鲤鱼灯也随他们带入，传承延续至今，并有较大的发展、创新，从而演变成现在的“固江鲤鱼灯”。如今，鲤鱼灯以其精美的花节、华丽的外形、良好的寓意和丰富的民俗文化内涵等备受世人的关注。

起源与传说

关于“鲤鱼灯”的由来，固江棚下村有一个美丽的传说。很久以前，南海龙王七女无子，平日管束甚严，不许女儿随意出宫。一年春节，小女儿被人间鼓乐喧天、鞭炮齐鸣所诱惑，吵着要跟姐姐们偷偷出宫去。于是，大姐变作一条鳌鱼，小妹化为一只青虾，其他姐妹变幻为金丝鲤鱼，众丫鬟摇身变成条条小红鲤，绕过龙宫虾兵蟹将的重重关卡，出海玩耍。她们追逐游弋于万顷碧波之中，腾跃嬉戏在蓝天白云之间，降魔驱怪，平风息浪，为人间祈福，为渔船护航。不久，龙宫喜得龙子，老龙王龙颜大悦，特许龙女们每年元宵出宫游玩，与民同乐。人们怀念美丽善良的龙女，模仿她们化鲤戏耍的情景，编创了鲤鱼灯，年年元宵舞灯祝祷。

有学者认为鲤鱼灯起源于远古时代。《舞蹈》杂志 1985 年第 1 期发表了题为《鱼族之舞——观舞蹈〈鲤鱼灯〉有感》的文章。作者考察了山东沂南、河南铜山县洪楼等地的《鱼舞》汉画像残片和中国远古史等，认为吉安县固江鲤鱼灯就是保存于民间的“鱼族图腾舞”；而“鱼族是我国远古大族，曾在山东建立过鱼方之国，又名‘于方’、‘盂方’……八千年前的鱼氏族已生息在黄土平原……鱼国在西周初因叛周失败，而被毁社灭国。但鱼族的图腾舞却仍然流传在民间”。

道具与内容

鲤鱼灯是一种表演性的民间灯彩舞蹈。以一只鳌鱼作龙头，一只青虾作龙尾，五只金丝鲤、四只（或十只）红鲤居中，共十一只（或十七只）灯彩组成。每年正月初三晚，在泸水河边举行出灯仪式，称为“请水”，艺人们持灯、噤声、依序一字排开立于河滩，然后鸣炮、燃香烛插于岸边，祈祷来年鱼虾满舱、风调雨顺、平安吉祥等。随后，鼓乐鞭炮齐鸣，以鳌鱼为头，依次于河水表面掠过。

村民在制作鲤鱼灯

传统表演形式总共有 16 个花节，最多能表演 15 分钟，环环紧扣、流畅连贯、一气呵成，包括四个不同章节和一个小尾声。第一章节为

鲤鱼灯表演

"鱼群出游",包括"鳌鱼巡场"、"鲤鱼出洞"两个花节。第二章节为"穿花戏耍",包括"单扎篾搭"、"双扎篾搭"、"斜扎篾搭"、"双斜篾搭"、"飘带"、"五盏球"、"寻食"、"劈柴"、"上水翻潭"等九个花节。第三章节为"勇跳龙门",包括"穿龙门"、"积塔"、"跳龙门"三个花节。第四章节为"欢庆胜利",包括"团龙"、"咬尾"两个花节。鲤鱼灯一般用民间吹打乐大锣、大鼓、小堂鼓、水钗、小锣、汉锣和唢呐来伴奏。所选曲目,是吉安民间流行最广的《大武队》《双如意》《风入松》《得胜令》《急急高》等套曲中的段子。

传承与忧虑

20 世纪 40 年代,因战乱、贫穷等原因,固江鲤鱼灯停止了活动。后经刘南亮等人挖掘、整理和抢救,鲤鱼灯重获生机。"文革"期间,民俗文化、民间艺术被全面封杀,鲤鱼灯又销声匿迹多年。直到 1984 年开展民舞普查,才再次恢复,重新焕发出夺目的光彩。到了 21 世纪,随着市场经济大潮的冲击,自娱性、公益性的鲤鱼灯活动渐渐无人问津,尽管当地大多年轻人都会表演鲤鱼灯,但是迫于生计,年轻人外出务工或经商,留下来潜心钻研的人越来越少。

尽管鲤鱼灯的发展曲折迂回。但在何建辉、何明燕、邓建民等人的努力下,鲤鱼灯的道具与表演内容不断传承并得到创新。

近年来,为了保护和传承鲤鱼灯这个行进的舞蹈艺术,他们参加了文天祥纪念馆活动、井冈山杜鹃花节活动等,目的是让更多的人,特别是年轻人了解鲤鱼灯文化,帮助鲤鱼灯文化发扬光大。

经历与荣誉

1955 年，因吉安地区举行民间文艺会演，县文化馆将鲤鱼灯挖掘抢救和整理提高，鲤鱼灯有幸屡登艺术舞台的大雅之堂。1957 年还赴京演出，受到周恩来、朱德、董必武、彭真等中央领导的亲切接见。同年 7 月，由军委、铁道部文工团学演的鲤鱼灯，还出访了莫斯科参加第六届世界青年联欢节，受到国际艺术界的高度评价。由村民表演的鲤鱼灯于 1984 年拍成电影，辑入上海科教电影制片厂制作的《江南索密》，在海外放映。2000 年参加首届江西农民艺术节，获一等奖。2005 年，固江镇棚下村鲤鱼灯作为江西省唯一的入选节目，参加中国上海第七届国际艺术节，并荣获优秀贡献奖。2008 年，鲤鱼灯被文化部批准列入国家级非物质文化遗产名录。2010 年，邓建民带领的棚下村鲤鱼灯成为江西省唯一入选的文艺表演类节目，参演由澳门特别行政区民政总署和文化部联合举办的“内地春节习俗展演”大型活动，这也是我省民间灯彩首次前往澳门演出。2013 年 4 月 20 日，他们作为庐陵民俗表演节目之一在第四届中国 · 井冈山国际杜鹃花节亮相演出，受到各界好评……无数的表演经历和荣誉奖杯使其影响波及海内外，堪称中华民族非物质文化遗产中的优秀代表作。

3. 吉安县东园龙

2014 年 6 月 28 日，一个值得纪念的日子。吉安县的民间灯舞东园龙，作为江西省唯一一支参赛代表队，在苏州参加了全国舞龙展演，获得第 12 届中国民间文艺“山花奖”民间艺术表演奖银奖。威猛刚健的东园龙走出永阳古村，扬名中国大舞台。

东园龙是一种仅在吉安县永阳镇东园村传世的龙灯，也是“中国民间文化艺术（灯彩）之乡”吉安县最引以为豪的、最为古老的优秀民间灯彩之一。它源于广为流传的九节布龙，表演道具为龙珠和九节布龙。由 9 人分别持龙头、龙身、龙尾，1 人持七彩龙珠，共同表演。主要表演技巧除寻常的巡场、穿花、滚龙外，还有自创的架天桥、架地桥、登高台、迭腕站、仰倒牌等花节（舞龙特技）。历史上，东园村民风古朴，崇文尚武之风盛行，名人贤臣辈出。北宋末年，出了一位人称“第二包公”的刑部秋官胡安道；南宋时又出了一位力主抗金、旗帜鲜明反对奸臣秦桧的忠烈名臣胡铨。先辈们忠勇强悍的精神影响了一代代东园村人。历代东园村人把武术的基本动作和龙灯舞法结合起来，创造了这种具有鲜明的武术表演和杂技特征的独特舞龙表演。

每当表演推向高潮时，东园龙特有的高难度花节就登场了。只见彩珠一个暗示，排列逢双的灯手，猛然跃起，双脚架在前一个人的肩膀上，双手架在后一个人的脖子两侧，以此类推，一座由人组成的天桥架成了，仰面躺着的灯手仍然与站着的灯手一样舞着龙灯，这就是“架天桥”。此时鼓乐喇叭声分外激烈，灯手也越舞越带劲。天桥拆落巡场一周后，用同样的方式将双脚架上前人的腰间，龙舞不停，称之为“架地桥”。“迭腕站”是除龙头不变外，其余人紧靠龙头，并依次蹲坐在后者的右膝上，同时作滚龙表演。接着是“登高台”，又是彩灯一个暗示，灯手先后跃上长不过 6 尺宽不过 8 寸的木凳上，紧紧挨着不停地舞龙……通过这些花节的表演，模拟龙行进、翻滚、腾跃等动作，表现奋发向上、一往无前的昂扬精神，令观者惊叹不已。

栩栩如生的东园龙龙头

东园舞龙习俗的背后，藏着很多美好甚至神秘的传说。《堂鼓的传说》已收入《吉安县志》。话说北宋末年，东园村胡氏第二代开基祖——官至刑部秋官的胡安道，因有功于朝廷，徽宗皇帝将宫中的一个铜鼓赐予他以示褒奖。胡安道告老还乡时将铜鼓带回东园村，引来四邻八乡争相观看，并纷纷仿制，将其应用于有关祭祀、庆典等场合，再后来又渐渐用于春节、元宵龙舞灯彩表演等。

关于东园龙的表演特技、绝招，当地还流传着一个“高僧报恩授艺东园村”的神奇传说。东园村人上元舞龙，起初并没有什么特色和过人之处。某年，村中来了一位化缘的老僧。豪爽、好客的东园村人慷慨施予。老僧人也不客气，盘亘多日不去。春节来临，村人对老僧人更是热情相邀。不知不觉到了正月十三，东园村胡氏族人又开始舞龙玩灯。一整天，老僧人紧跟在龙灯队后面，一会儿点头，一会儿摇头，一会儿口中念念有词。夜深了，就在大家准备收拾锣鼓家什尽兴而归时，老僧人突然跳将起来，一言不发地夺过龙头舞了起来。后面的灯手赶忙和着他的身手步伐，也舞将起来。霎时，有如风起云涌、翻江倒海，九节布龙在老僧人的手中上下翻飞、虎虎生风、出神入化、变幻莫测。看着这一套套见所未见、闻所未闻的精妙花节，村民们全都惊呆了。直到老僧人停下脚步，放下龙头，一言不发飘然而去好半天，才一个个清醒过来。大家急忙四处打量、寻找，哪里还有高僧半点踪影。第二天，村民们又村内、村外甚至四里八乡到处寻访，依然杳无音信，仿佛从来没有过这样一个人似的。大家只好慢慢地回忆老僧的龙舞表演过程，你一言我一语地将一些零星片段回忆、拼合起来，并尝试着揉进龙舞之中。尽管这些回忆起来的花节远不及老僧人所表演的精妙，但也使东园村的龙灯增色不少，令四里八乡称羡不已。东园村人知道，这是老僧人对东园村人慷慨施舍、热情款待的回报。从此，他们的舞龙热情日益高涨，一代代艺人不懈地努力钻研舞龙技巧，不断地创新发展，终于产生了不同凡响的东园龙。

与东园龙表演紧密相关的习俗，主要有庄严隆重的祭祀性仪式，如“请龙”、“出灯”、“祭祖”、“敬神”、“恭贺表演”、“绕柱”、“送龙”等。

《中国民族民间舞蹈集成·江西卷·吉安县资料集》载：“东园龙一般在上元节（农历正月十一至十五日）表演……正月十一日，村民们要举行隆重的出灯仪式。入夜，早已扎好的龙灯一齐点亮，在鼓乐鞭炮声中，沿着村前的禾河自上而下巡游百步，意为‘请龙’。随后于祠堂设酒席，发香烛祭祀祖宗神灵，接着便出灯，各种彩灯龙灯一齐走街游乡，尽意玩耍。如此直至十五日夜，才在本村各户‘恭贺’。当年得子添丁或营造新房的人家便要备好酒菜红包迎送。至夜半，又需到河边‘送龙’……”

在东园村元宵灯会鼎盛时期，东园龙表演时常伴有狮灯、马灯、花灯、旱船，即所谓“龙狮马灯同出”。新世纪以来，东园龙在老艺人胡星庆的带领下，先后参加了省、市、县重大文艺会演、竞赛，频获大奖。东园龙还常与吉安县的“鲤鱼灯”等其他灯彩同台演出，各灯彩之间相互穿插、迂回、戏谑等，生动活泼，妙趣横生。《中国民间舞蹈志·江西卷》《中国民族民间舞蹈集成·江西卷·吉安县资料集》《吉安县志》《吉安县文化艺术志》《庐陵文史资料·民间灯彩专辑》等志、书中，都有东园龙较为详尽的、较大篇幅的图文资料。

但近年来，东园龙逐渐处于严重濒危之中。2005年起，东园龙先后申报批准列入了县、市、省级非物质文化遗产名录；2008

东园龙表演

年 11 月，胡星庆被省文化厅评为江西省非物质文化遗产项目代表性传承人。为保护传承东园龙，吉安县非物质文化遗产保护中心坚持不懈地抓好项目队伍建设，开展传习教学、排练演出、文化交流等传承保护工作，衷心希望威猛刚健的东园龙能永远飞腾在庐陵大地上。

4. 新干剪纸

基本概况

新干县位于江西省中部，吉安市北部，为赣粤交通的要塞，是中国封建时期和客家南迁的重要集散地。新干县历史悠久，为江西省十八古县之一，有着深厚的文化底蕴和灿烂多彩的民间艺术。新干剪纸是农耕社会产生的一种民间艺术。据考证，新干大洋洲出土的商代青铜、玉器文物纹饰，就是原始的新干剪纸的雏形。

新干剪纸起源于民间，所需工具极简，生活气息浓厚。剪纸艺人用剪刀、刻刀，对纸张进行加工，用灵巧的双手，将生活的感悟融入创作，剪出细腻生动、洗练单纯、旷达神秘、热烈喜庆的艺术作品。新干剪纸内容极其丰富，有奇花异草、家畜珍禽、民间传说、人物故事、劳动场景、国家时事、家园生活等。主题和形式不受拘束，全凭剪纸艺人的自由想象和尽情发挥，从多个方面反映了新干县的风俗民情和社会生活。

近年来，新干剪纸受到社会各界的关注与肯定。2010 年 4 月 7 日，中央电视台少儿频道《银河之星》节目组来到新干县实验小学，专题摄制剪纸艺术进课堂节目。2011 年 5 月，江西新干剪纸入选第三批国家非物质文化遗产名录，成为红土地上民间艺苑中一朵绽放的艺术奇葩。

形式内涵

新干剪纸在不同的时代有不同的形式与内涵。封建社会时期，新干剪纸主要用作民间百姓操办红白喜事，实用朴素，是家家户户必需的装饰品。春节的窗花、彩帘，婚庆的喜花如鸳鸯戏水，新房的门帘如鲤鱼闹莲、榴开百子等用来表达喜庆和祝愿。丧事的鬼衣、冥币、灵屋、寿衣、寿鞋等则寄托了哀悼与追思。因新干剪纸的作者大部分为农村妇女，所以妇女的拦裙花、鞋花、头盖花，孩童的帽花、口枷花，以及飞禽走兽等又是常见的表达形式，这些形式源于创作者对生活的细致观察与独特体会。

新中国成立后，新干剪纸的形式和内容也增添了时代的气息。在原有的传统民间风俗的基础上，又出现了富含财运、福气、顺利等寓意的多样的表现形式。主要有喜庆花鸟、新农村新景象、人物故事、民间传说、生活场景、劳动场景、国家时事、家园生活等，具有浓郁的生活气息和时代特色，展现了不同时代背景下劳动人民的人情风俗、思想情感、价值倾向和美好祝愿，是活生生的历史画卷。新时期的新干剪纸在传统的基础上另抽新枝，延续生命。

新干剪纸的形式收放自如，有的缜密精细，有的自由洒脱，有的独立成幅，有的互相映衬，讲究布局、结构与章法的美感，阳刻阴刻变换自如。新干剪纸的内容既有浓厚的乡土民俗气息，又有较强的时代感，既是创作者个人情感的独特表达，又是社会生活的真实印记。

著名传人

在新干县七琴镇龙文村委水口村有一位74岁的妇人，她既是中共党员，又是新干剪纸的传承人，她的名字叫洪桂英，2008年被列为江西省非物质文化遗传的传承人。平日的洪桂英和蔼可亲、春风满面，跟一位寻常的农村妇人没有区别。但她却并不普通，她有着一双灵巧的双手，还有着一颗灵动的艺术之心。

洪桂英的母亲是当年村里的铰花能手，年幼的洪桂英耳濡目染，也爱上了剪纸和铰花。她平日里认真观察周围事物和景物，再加之对图案过目不忘的天赋，她剪什么像什么。废作业本和废报纸到了她的手中，都变成了一朵朵纸花和艺术图案。她家的墙上挂满了四季花鸟、十二生肖、“吉祥如意”等剪纸图案，对称的、不对称的都显得栩栩如生、惟妙惟肖。洪桂英从13岁开始从事剪纸，至今已有整整61年，作品也积存下了几大箱。洪桂英为自己几十年的用心创作自豪，对这些剪纸作品珍爱有加，不到万不得

新干剪纸传承人洪桂英展示她的剪纸作品

已，绝不轻易供人观看。“剪纸就是我的生命，我一天都离不开它。”洪桂英说。

1993年，洪桂英精心设计了一幅“四鸡闹春”的剪纸，献给第四次世界妇女代表大会，时任全国妇联主席陈慕华看了她的作品赞不绝口，立即挥毫题词予以鼓励。2006年8月，她剪了一幅“五十六个民族五十六朵花”作品，画面有56只形态各异的蝴蝶从祖国版图的四面八方飞向首都北京，寓意中华民族大团结。该作品被选入参加江西省民间艺术之乡精品展。其剪纸作品《百碟图》在2010年首届中国鄱阳湖国际生态文化节江西非遗项目技艺展示中观者如潮，获得广泛好评。2012年在党的十八大召开前夕，她满怀深情地创作了剪纸作品《喜迎十八大》，在省市报刊发表，并参加第三届中国剪纸艺术节暨第二届蔚州国际剪纸艺术节，获“王老赏杯”优秀奖。

技艺传承

新干剪纸历史悠久，一直以族传、家传或自学互教为主，技艺相传，师承关系有断有联，考证起来没有完整的线索和脉络，境内的剪纸艺人星罗棋布，形成了分散的剪纸群体。家传的有七琴镇洪家村的李绿祥及其女洪桂英和孙女林丹，自学、互教的有方祥云、周春生、张伟良等。

洪桂英教孩子们剪纸

现阶段，为挖掘和保护民间剪纸非物质文化遗产，新干县按照“保护为主、抢救第一，合理利用、传承发展”的方针，从2005年开始成立非物质文化遗产保护领导小组，初步制订5年保护计划，将民间剪纸列入全县首批非物质文化遗产重点保护对

孩子们在学习剪纸

认真剪纸的年轻姑娘

象；每年定期在全县各乡镇举办剪纸培训班，在县文化馆、金川小学、七琴镇文广站设立剪纸艺术培训基地，由剪纸方面的专家和民间剪纸艺人授课。新干县还邀请民间剪纸传承人洪桂英参加中国鄱阳湖国际生态文化节和第三届中国成都国际非物质文化遗产节等活动，让市民亲身感受新干剪纸的魅力。

新干剪纸作品展览

5. 永新盾牌舞

永新盾牌舞

盾牌舞又称男子群舞藤牌舞、滚挡牌，是江西省的汉族民俗舞蹈，体现出一种最原始的汉民族凝聚力、团队精神和战斗精神，是江西省汉族文化的典型代表。盾牌舞主要流传于江西省永新的龙源口、烟阁等南片诸乡。龙源口镇的南塘村，素有“不练盾牌舞，不是男子汉”之说，绵延至今。它集武术、杂技、舞蹈与音乐为一体，动作粗犷、雄健、彪悍，队形变化奇特、壮美，具有浓郁的汉族文化特色和磅礴的战斗气势。

2006年5月20日，永新盾牌舞经国务院批准列入第一批国家级非物质文化遗产名录。

地域环境

永新县地处赣西南，东连吉安，南接井冈山，西与湖南茶陵及江西省莲花县毗邻，北与安福交界，幅员1300多平方公里，四周群山环抱，从东到南是罗霄山脉—义山山脉横峙如屏，包括有名的七溪岭、九陇山，从西到北是禾山山脉巍然雄踞，包括铁镜山、天龙山和梅花山等。这些雄关险卡就成了古时外籍流亡士兵隐身定居的好去处。至今南乡一带客籍人较多，长期住在山区以农业为生，眼界不开，封建宗族观念又很强，争山争水是常有的事，导致当地男子喜好练武学“打阵”（打盾牌），代代相传，同时也养成了刚强、好胜、善斗的秉性。

历史溯源

戚继光抗倭传入说。据《永新县志》记载："盾牌在明朝以前，是境内流行的一种武术器械，供习武防身用。"据明朝抗倭名将戚继光所著《纪效新书》藤牌总说第十一节记载："以藤为牌，虽不能御炮火，而矢石、枪刀皆可蔽，所以代甲胄之用。"据南塘村吴氏族谱记载："盾牌相传汉始，丙辰年吴氏第九代简易公落住永新南塘村，已传 29 代……"因南塘村一带缺水，难以生存，要争水灌田，争山种植，历来习武。永新有俗语："人蛮蛮不过南乡人，论打打不过上南乡。"靠刀尖上长谷子，是当时南塘村民的生存写照。于是，南塘一带特从广西云南一带学来盾牌的打法，男子全部练习，团队出阵，原名"打阵"，当时该村有"不练盾牌不是男子汉"之说。

太平天国运动传入说。太平天国起义失败后，一部分士卒成了散兵游勇，无家可归，流落在永新边远山区隐伏定居，成了当地的客籍人，常与当地农民冲突。豪绅地主为争权势故意挑起械斗，意欲赶走客籍人。散兵们不甘屈服，便使用防身自卫术，其中就包括了盾牌的打法。这就使"打阵"单纯习武的动作演变成有阵式变化、动作规范的打盾牌。由此推断，打盾牌在永新流传有二百多年的历史。

另外，永新盾牌舞还有自身发展说、荆楚文化孕育说、外乡传入说等。以上说法没有统一的定位，存在多种因素杂糅。这也是其历史价值所在。

表现形式

（一）表演内容、形式

盾牌舞主要表现两军对垒、相互攻守、拼战断杀的激烈场面，男子集体表演，右手握着闪亮的短刀，左手持盾，与铁叉手对打，集滚、打、桩、躲于一体，灵活运用。该舞主要由八个阵式组成，阵式布局十分巧妙、严谨，阵式的造型精密、壮观，神采各异。

"四角阵"意为四面防守，分兵把口，稳扎稳打。四个牌丁站成方形，各据一方，一叉手攻击勇猛，左冲右突，连打四个牌丁。

"一字长蛇阵"意为阵似长蛇，有头有尾，首尾相顾，能伸能缩，易攻易守，迂回包围，巧取夺胜。牌丁快步鱼贯而出，变成一条长蛇，硬攻则施展不开，软攻则缠绵受敌。

"八字阵"意为森严壁垒，众志成城。两叉手各带四个牌丁穿插摆成阵式，叉刀齐鸣，呼声阵阵，人嘶马鸣。

村民在表演盾牌舞

“黄蜂阵”意为黄蜂倾巢出洞，铺天盖地，令人生畏。八个牌丁滚档，卷地而来，二列队形摆出一个遍地干戈。

“搭牌”意为埋伏隐蔽，草木皆兵，刺探军情。八个牌丁分列两边，将盾牌搭起一个山洞，两叉手敏捷地在洞口穿插，待牌丁成“双蛇出洞”队撤退。

“龙门阵”意为布下天罗地网，神出鬼没偷袭敌营。一叉手带四个牌丁举盾牌搭起门楼，另一叉手带四个牌丁穿插其间。

“荷包阵”意为反攻为守，包围敌方聚歼之。一叉手带领四个牌丁布成四角阵，引诱敌方来偷袭营房。

“打花阵”是紧接“荷包阵”的一场厮杀阵式。被包围之敌奋力突围，拼死冲杀，牌丁与叉手一对一对打，短兵相接。打法有“扯牌、嚎牌、腰牌、滚牌、躲牌、花牌”。

（二）道具

铁叉两把：铁制梭镖尖、双包牛角型叉尖下装两铁片响环。

木制叉两把：长 135 厘米。

马刀八把：铁制的长条形小刀，长 30 厘米，刀把处装两铁片响环，木制刀把长 10 公分。

盾牌八个：竹篾制作，直径 60 厘米，牌内装一小木把手和手腕圈套住握牌。

乐器：锣、鼓、钋、唢呐等。

（三）特点

盾牌舞集武术、杂要、舞蹈、造型于一体；集滚、打、桩、躲、闪于一体。其风格特征可用八句话概括："桩马落地稳如山，手臂舞动柔且刚；叉来盾挡套路明，刀光闪闪声威壮；八个阵式变幻多，或攻或守章法强；拼杀一阵复一阵，人吼马嘶气势狂。"其动作具有刚柔相济、功架不倒、疾而不乱等特点。

音乐有三个方面特点：

一是"灯彩"——龙灯舞的音乐中吸收了音调开朗、节奏鲜明的唢呐曲牌"锣腔"作为它的主要伴奏调。

二是"戏曲"——从戏曲中融入了"南路散板"，现为唢呐散板——长音加花。

三是"国术"——引用国术中的快板锣鼓等。

除此之外，表演过程中还不断响起铿锵作响的短刀响环声和演员们"嗬嗬"的呼喊声，对营造战斗气氛起了很好的烘托和渲染作用。

现状发展

（一）发现阶段

解放前，交通不便，永新盾牌舞不被其他地区所知。解放后，党和政府大力发掘和保护民间艺术遗产，永新盾牌舞作为一种民俗文化的"活化石"，1953年到北京中南海怀仁堂为周恩来、朱德等中央领导演出；原东北军区文工团将盾牌舞带到朝鲜和苏联等国演出；1957年，南塘村的吴王生等十几名民间艺人在江西第一届民间艺术会演中表演了盾牌舞；同年又赴北京参加了全国民间音乐舞蹈会演荣获优秀节目奖；1984年，盾牌舞被江西电视台选为民族民间舞蹈集锦节目之一而被录像；1987年，上海科技电影制片厂两次将盾牌舞搬上银幕。

（二）抢救阶段

随着经济发展，永新青年纷纷外出谋求生计，懂得盾牌舞的老艺人相继离世，永新盾牌舞逐渐被人民所遗忘。1998年开始，永新县宣传、文化部门组织人员下到南塘等村调研，盾牌舞经过无数次的修改、整理、排演终于进入人们的视野。当年元宵节，由九位南塘村青年组织的"泥腿子"盾牌舞表演队，来到永新县城参加了"万紫千红庆元宵"活动，轰动全城。随后，中央电视台、新华社、中新社、江西电视台等媒体记者纷纷前往永新县龙源口镇南塘村采访。2001年开始，永新县投入大量人力、财力和物力，对永新盾牌舞进行进一步的抢救和发掘。

（三）新发展阶段

经过政府的支持和艺人们的不断推广，永新盾牌舞再次展示在人们的眼前。2005

年8月，参加了南昌国际傩文化艺术节踩街表演，备受关注；9月，参加了江西省文化厅、南昌市政府主办的全省民间艺术节调演；9月底，作为江西省唯一选送的民间艺术节目，赴广东汕尾市参加了首届泛珠江三角洲“9+2”民间艺术表演大赛，并获银奖。2006年1月3日，文化部对入选第一批501项国家非物质文化遗产名录推荐项目向社会公示，永新盾牌舞榜上有名；同年10月30日，第六届中国金鹰电视艺术节期间，永新盾牌舞受湖南卫视邀请参加了“谁是英雄”节目。在此后的一个时期，永新盾牌舞在政府和艺人们的积极努力下，不断地完善和充实内容，赋予其时代气息和新的文化内涵，盾牌舞从永新走向更宽广的未来。

社会价值

（一）历史价值

永新盾牌舞有着厚重的文化底蕴。从历史的角度来看，永新盾牌舞的产生和发展都是值得讨论和研究的话题，在经历了历史的风霜洗礼之后，它应该怎样面向未来，应该怎样去发掘这一民俗的价值，应该怎样去保护这一人类非物质文化遗产，都具有重要的历史意义。

（二）文化价值

永新盾牌舞，其与古代军事、民俗和宗族体育的联系，就蕴含着诸多文化元素；其武术、舞蹈、音乐、道具、编排和剧情中就传递着文化信息；其所处地域、环境、民风、民情和传说中包含着文化内容。永新盾牌舞是中华文化宝库中独具风格的一种民间艺术，弥补了当时民间文化生活的贫乏，为历代民间文化生活增光添彩。

（三）实用价值

在宗教祭祀、庆典、民风民俗等重要活动时，宗族或家族往往通过永新盾牌舞来教育下一代；永新盾牌舞在表演抵御外敌入侵的过程中增强了团结和凝聚人民的作用，能够表达人民共同的愿望和情绪，在舞蹈和观看的过程中传达着成员之间的归属感、安全感，满足心理需求，形成强烈的集体荣誉感；结合红色旅游，再现盾牌技艺，使游客娱乐休息、愉悦身心，感受到强大魅力，弘扬民族精神。永新盾牌舞独特的表现形式，能够强身健体，是一种极好的锻炼活动，同时还可丰富民间文化活动。

6. 永新小鼓

永新小鼓是江西省吉安市的汉族戏曲剧种之一，起源于道情[①]，相传在清道光年间形成于江西永新。永新小鼓早期是收容孤寡残疾的养济院里的盲艺人传唱谋生的渔鼓形式，后来由永新的盲艺人改用小鼓伴奏，并在语言音调、表演风格上有所变化，演唱一些从戏曲、小说中改编的短篇曲目，逐渐发展到编唱长篇曲词，并形成具有地方色彩的曲种。2014 年 11 月，江西省永新县申报的永新小鼓经国务院批准列入第四批国家级非物质文化遗产代表性项目名录。

永新小鼓原名永新号音，由许多古老的传说、民间故事、戏文编成小鼓的演唱本，采用永新乡村间的劳动号子、山歌及地方言进行表演，故称为唱号音。

据《永新县志》记载，唱号音约产生于乾隆年间。那时，在永新县城的北门有座“圣恩堂”，在这个堂内专门供养了一些无依无靠的盲、聋、哑残疾人，小鼓艺人就出自这“圣恩堂”内的盲人。永新小鼓的祖师爷欧阳承相生于 1722 年，是永新南乡烟阁青岭村人。他年幼时读了些诗书，略通文字，因一场大病双目失明，被送入“圣恩堂”供养。他不愿坐享其成，便发挥自己的才华，把蛇皮制作的渔鼓改换为牛皮制作的小鼓，用红绳子系在腰间，这样，小鼓音色浑厚洪亮，又经久耐用，携带演唱都十分方便。随后又在左手配上一根小竹棒，右手配上一副小竹板，打得有板有眼，唱得有声有色。欧阳承相凭着自己的记忆，把年轻时读过的民间故事、戏文等改成当地广大群众喜爱的小鼓词，遂发展成别具一格富有浓郁地方特色的永新号音。

永新号音从欧阳承相创始至 1953 年一直都是用这个名字，至今当地群众仍有叫这个名字的，特别是远游海外的永新籍人一回家乡都会问起永新号音。1953 年 4 月，永新文化馆举办第一期盲艺人学习班，原任永新县委宣传部长，后任江西省文联副主席的张涛同志在观察时指示：“永新号音很有特色，要很好地挖掘整理……现在全国都是大鼓，唯独永新是面小鼓，就叫永新小鼓吧。”从此，永新号音便命名为永新小鼓了。

---

① 道情是中国汉族曲艺品种的一个类别。

改造后的永新小鼓登上大舞台

永新小鼓（号音）是一人坐唱，有说有唱，以唱为主，演唱者左手夹着两块小竹板，右手持一根七寸长的小竹竿（形似筷子），自敲自唱，没有其他乐器伴奏。它的唱腔跳跃起伏，跌宕多姿，既幽默诙谐，又温柔抒情，可长可短，能刚能柔，有时带些口语化。它的曲目语言朴实，唱词简练，充分利用当地的大众语言、通用语言、习惯语、谚语等。土音押韵，用通俗易懂、幽默诙谐、明快的节奏，使曲目演唱得妙趣横生。小鼓演唱到处都是舞台，春夏两季，白天在街头巷尾或晒太阳的空地，夏秋两季不只在厅堂，更多的是在晚上纳凉的广场、街巷，甚至屋檐下，既不受时间空间的限制，也不受听众多少的制约，可多可少，随时随地，深受民众喜爱。永新小鼓通过讲述民间故事、戏文等直接反映人民社会生活状况、伦理观念及风土人情。其说唱特色颇具艺术研究价值；其历史价值主要在于它是一种浅显易懂、人民大众容易接受且影响大、互动性强的教育方式，它把伦理道德寓教于乐，起到了一定的潜移默化的教育作用，是一种根植于民众之中且具有浓郁生活气息的娱乐方式，弥补了当时群众精神文化的空缺。

很快，永新小鼓发展到了乡村，还传播到永新邻县泰和、井冈山、宁冈、莲花、安福、茶陵、灵县等地。

永新小鼓从欧阳承相创始至今已有十一代历史，它经历了近 300 年的风雨而仍留存于世，其间可分为四个阶段：

（1）清朝时期（1840–1912 年）

在这期间，永新有 12 个盲人学会唱小鼓，当时基本上是纯唱无白、中间夹些衬词的口语化。主要是以娱乐为主，解化丑恶、劝人为善。那时流行一时的《懒婆娘》一直深受群众喜爱。

（2）民国时期（1912–1928 年）

由于地方戏曲的发展，节目越来越丰富，永新小鼓的小段子不能适宜和满足群众的需求。于是，他们开始创作了大批的连本曲目段子，在这些曲子中，不但有唱，中间还夹有道白，道白时拉腔拉调，与戏剧之白融为一体，有声有色，有腔有调，独具风味。

（3）苏区时期（1928–1934 年）

1928 年毛泽东领导三湾改编创建井冈山根据地之后，永新等地相继成立了苏维埃政府，禾川镇苏维埃政府组织了盲人集训，把永新小鼓改造过来，为当时的革命服务，那时派了一位姓刘的同志专门为小鼓艺人创作节目，让盲艺人到全县各地去演唱、宣传。当时新编的小鼓节目有《打土豪分田地》《欢迎白年返水》《红军打了胜仗》等。

年轻人跟着老艺人学永新小鼓

（4）中华人民共和国成立以后（1949 年至今）

中华人民共和国成立以后，永新小鼓在党的“百花齐放，推陈出新”的方针指导下，出人、出书、走正路，得到了党的重视和关怀。

永新文化馆于 1953–1954 年举办了两期学习班，组建了小鼓学唱队，从永新采茶剧团中委派了学员学唱永新小鼓。

从此，永新小鼓由盲人改为专业演员演唱，改变了盲人去世后无法传承下去的现象。由于不是盲人演唱，永新小鼓进行了大胆改革，由原来的坐唱发展为站唱，由原来的一人表演发展到多人表演，由原来的田头地角、村巷街口发展为配有乐器伴奏、配有灯光布景。从此，永新小鼓登上了大雅之堂。

1957 年，手工业工人朱友生首次在永新舞台上表演了永新小鼓《懒婆娘》，受到了广大观众的热烈欢迎。

1965 年，朱友生代表吉安地区首次赴省参加第三届职工业余文艺会演，受到省地文艺界赞赏。

1976 年，刘动同志参加全国曲艺调演，受到北京人民的好评。

永新小鼓作为全国独一无二的曲艺品种入选《中国曲艺志》。就其表现内容，它能密切配合党的政策进行宣传且表演形式又灵活机动，更能劝人为善，鞭挞丑恶。永新小鼓从其历史渊源来看，是深受广大群众所喜爱的一种艺术，而且它已深入人心，又扩展到永新周边众多县市。众多海外永新籍侨胞，一回到永新就会要求听首永新号音，它是永新的一种“土特产”，是家乡一种“定盘菜”，已扎根在永新这块红土地上。

随着时代的进步和日渐多样的娱乐方式的冲击，永新小鼓失去了它曾经的地位，只是偶尔得到文化工作者的一点关注，并没有去大力扶持它的想法。由此种种，曾经家喻户晓的永新小鼓陷入濒危状态，抢救和保护永新小鼓这一民间曲艺迫在眉睫。

7. 安福吃新节

“吃新”又叫“尝新”、“试新”，是流传在赣中福地——江西安福的一种传统民俗节日，尤以该县南乡片的洲湖、金田、洋门等乡镇为甚。在当地，“吃新节”是一年中仅次于春节的第二大节日。

“吃新”习俗最早可追溯至黄河流域的周部落先民，并且在我国早期的古籍《诗经》《礼经》《淮南子》等中均有记述。至今吃新节在我国苗、侗、佤、基诺、景颇、阿昌、拉祜、哈尼等少数民族地区依然可见。

安福作为非少数民族聚居地区，吃新节中传统而隆重的仪式却保存完整，具有鲜明的地方特色，实属罕见。这是百姓自古以来自娱自乐民俗文化的传承，是罗霄山脉中段保留完好的农耕文化的活化石，是中华民俗文化中的一朵奇葩。

群众观看“吃新节”表演

2008 年 5 月，“安福吃新节”入选江西省省级非物质文化遗产名录。

吃新节·割稻米尝新

“吃新节”不像其他民俗有固定的节日时间，它没有固定的日期，往往以早稻成熟为标志。因为各村镇水土、气候条件不尽一致，早稻成熟往往会相差一天或几天，所以即便在同一个乡里，各村的“吃新”也会有先有后,但一般约于农历“小暑”到“大暑”之间。现在，出于对传统习俗的保护和传承，每年吃新的具体日期由当地乡镇政府依据水稻成熟状况来确定，以形成一定的规模和影响。

关于“吃新节”的来历，与农耕民族的传统文化息息相关，在当地民间流传着两种传说。

一是在很久很久以前，有一年接连下了七七四十九天暴雨，天地洪荒，汹涌的洪水冲毁了人们的家园，大地变成一片汪洋。逃难的人们被围困在巍峨的武功山上，靠吃草根、啃树皮艰难地生存下来。然而，最令人痛心的是，所有的稻种都被洪水席卷而去了。一天，从汪洋中游来一条大花狗，它奔到人们身边，从大尾巴上抖落下几十粒稻种，给人们带来了新的希望。故此，丰收的稻穗便像弯弯的狗尾。为了纪念这次劫后逢生，每年早稻收获之前，人们便举行盛宴，让大花狗尝新，以表谢意。后来演变成在每年开镰收割之前，村村舍舍，举宴“吃新”，以祈祷神明，庆贺丰收，祝愿来年五谷丰登、百业兴旺。

另一种传说是武功山上有只“白雾妖精”，每年夏收前吐出白雾，把农民即将收割的稻谷毁掉。后来，“五谷神”将“白雾精”打败，救了农民，此后，人们在新谷登场前举行宴会，请五谷神尝新，以致谢忱。

吃新节·村民持法器游街

吃新节 · 村民拜神

吃新节 · 舞龙

俗话说："牛歇谷雨马歇夏，人歇吃新不要哇（说）。"每当节日将临，山村中外出务工经商的村民，都要纷纷赶回家中过节。吃新这天，男女均不外出劳动，家家户户张罗着过节。男丁们挑着箩筐，沐浴着朝阳，早早来到田间，趁着露水将饱满成熟的稻穗割下，捆扎成稻束，把它们悬挂在农舍门厅的两旁，供奉在中堂的桌案上；女人们则用水碓或木碓将新谷碾成白米和米粉，用白米煮成新米饭，用米粉同菜肴和上蒸熟。家家奉上陈年醐酒，祭拜谷神、菩萨、土地神和祖先，感谢上苍风调雨顺和人间的太平盛世，祈愿来年五谷丰登。之后，全村或家人按照长幼辈分，依次入座就餐。餐席虽较丰盛却并不铺陈，以新米饭、米粉蒸肉为主，还有鲜嫩的茄子、辣椒、黄瓜、南瓜等时令蔬菜以及鸡、鸭、鱼、肉等。

晚上村村舍舍进行耍龙灯、打火把、游垅等活动，由于全村人都参加，场面宏大，喜庆热烈。部分山区还有唱山歌的习惯。晚饭过后，青年男女聚到一起，请山歌手唱《杀禾歌》《磨镰歌》等有关收割的歌曲，一人领唱大家和，热热闹闹，直到深更半夜才散去。

吃新节的第二天，村民们干劲倍增，纷纷下地挥镰收割，开始一年中最辛苦的劳作。

安福吃新节具有浓厚的农耕文化色彩，它饱含着对土地、对大自然馈赠的感恩，这种朴素情怀或许可以理解为对大自然的虔诚和敬畏、对劳动者的尊重和友善。

8. 青原“喊船”

“彩绘龙舟庆下元，禳灾集福保平安。保佑乡团常清吉，门厅兴旺光招财。缓缓打鼓齐心喊，齐心喊好大王船……”从每年大年初一的夜晚开始，直到农历正月三十结束，有这样一种用方言吟唱的声音从青原区陂下村传出，天地间似乎从这声音中渐渐地复苏。

每年的农历大年初一，青原区陂下村都会有一场隆重的祭神仪式——“喊船”。“喊船”实际上是宋朝时期，对宫廷中一种傩文化的传承与发展。道教创始人张道陵天师所到之处都会有这样的活动，最盛行是宋朝，距今已有一千多年的历史了。

“喊船”主要是喊“旱”船，不用下水。这种活动是用来祭神的，特别讲究仪式感，显示出对神的尊敬。在活动当天，人们在村子祠堂前的空地上点燃篝火，这是在敬告祖宗。俗话说：“鬼过三年则成神，要接受香火供奉。”只见十多位青壮年男子用手拿着红黄蓝各色彩旗，小旗上分别书有“祝福”、“平安”、“一路顺风”等吉祥的话语，紧接着几声铳响，十几位穿着黄色劲装、腰上系着黄色绸带的青壮年村民抬着一个彩绘的镀金龙舟，舞着长龙，用方言大声唱着《喊船歌》，整个如长龙一般浩浩荡荡的队伍绕着村庄游走，周围的人群则是举着彩旗、抬着銮驾。同时，还有身穿绿色彩装扮演蚌精的女子和围观的群众一起喝彩，脸上洋溢着喜悦的表情。一幢幢明清时期的祠堂与民宅，一种语言难以描述的流光溢彩在空气中弥漫开来。一路上鞭炮声不绝，唢呐鸣奏，铳响震天，孩子们在一旁随着人群一起凑热闹。沿途上的人家一路用喜庆的鞭炮表示欢迎与诚意，想从中讨点喜气与福气。其间穿插着拳术表演和神舞以及放河灯……不时地还能看到民间传说中的渔翁、太上老君、花仙姑。一个又一个别出心裁的民俗节目使人目不暇接，村民们的脸上也被这喜庆氛围映衬出红光。富水河边的祭品烧完了，他们依然意犹未尽，沉浸在喜庆的气氛当中。村民们通过这种古老而又虔诚的仪式，迎接新的一年的到来，祈福风调雨顺，家和万事兴。

在“喊船”的仪式当中，那种像佛教三拜九叩之礼的严肃是不存在的，因为已经累了一年了，就算是神也要休息。一种狂欢一般的精神狂潮从中澎湃而过。这种精神，

村民“喊船”

体现了渺小的人类在鬼神面前的勇气。从与天地斗争到和平共处，一切都像是一个刚刚睁开眼睛的婴儿那样得懵懂。

这个独特的祭神活动究竟是怎么来的？相传天师张道陵下山游走人间，有一日他觉得自己一身的好本事应该得到重用，于是便进京以求入宫上朝面见皇帝，希望自己能够为国效力。可是在当时皇帝怎么会相信这样一个没有任何名气的小道士的要求呢？但是他又不好拒绝，便想了一个法子，那就是要求张道陵施展法术祛除瘟神，让他治下的百姓可以少点病痛灾害。张天师答应了他的要求，在一个祭坛上施展了自己的法术，可是没有想到他竟然可以起死回生。一些孤魂野鬼原本要在人间无休止地游荡，在这个机缘巧合下复活了。皇帝相信了他的能力，给他开辟了道场，让他替天行道，但是有个条件，要收服那些孤魂野鬼。因此，张天师在一路施法的过程当中，都始终带着这些魂灵，一船一船地跟随他走遍大江南北。

当张天师游走到青原区的富水河畔时，陂下村村民们的祖先为了欢迎他，便有了流传至今的“喊船”活动。

其实在很久很久以前，江西各地都有“喊船”的习俗，只不过在陂下村流传了上千年。“喊船”习俗流传下来实属不易，其间一度因为“文化大革命”等原因终止。可是无论怎么终止，都无法终止人们心中对鬼神的敬畏。再后来，随着人们生活水平的提高，通过政府有关部门和众多专家以及传承人的努力下，失传已久的“喊船”仪式经过一系列的挖掘与整理重现昔日面貌。为了紧跟时代发展，“喊船”注入了许多新鲜元素，成为集舞龙、打狮、喊船、唱戏、放河灯等于一体的大型民俗活动，这在全国都是少有的。就连贵州的傩戏都比不上咱青原区的“喊船”。目前该项民俗活动已经申报了中国非物质文化遗产，得到了国家的重点保护。

接连不断的天灾人祸，时空变幻下的移风易俗，可是有些东西始终没有变过——不变的人伦、人生的悲喜、心中的敬畏、一代又一代人的坚守……这不正是中华民族在精神史册上的担当吗？

“喊船”将这凝固千年的时间重新解冻，却又使得时间在这里慢了下来，一阵阵喊声便是庐陵最长久的记忆。

9. 安福中秋烧塔

农历八月十五是中秋佳节，团圆、赏月、吃月饼乃各地最为通行的习俗。不过，在江南的许多地方，除了这些之外，至今还保留着中秋烧塔的独特习俗，其中又以江西安福的中秋烧塔保存得最为完整、最具特色。“安福中秋烧塔”已经入选江西省省级非物质文化遗产名录。

烧塔这一民俗，清代的《吉安府志》记载道：“中秋玩月，儿童烧塔为乐。”安福烧塔的习俗，据说源于柘溪先祖在外做官而带回家乡。

安福地处吴头楚尾，乡风淳朴，有十分丰富的民俗文化。在该县境内南部陈山河流域的金田、洲湖等乡镇盛行“中秋烧塔”，特别是金田乡柘溪村的烧塔，别具一格。

关于烧塔的由来，一种观点认为，中秋烧塔起源于纪念文天祥。据史书记载，宋末文天祥曾在吉州、兴国等地带兵抗元。为抵抗元兵中秋夜偷渡赣江，当地村民在渡口砌起砖瓦塔，用稻草点燃照明，力助文天祥抗元。

还有一种观点认为，中秋烧塔始于元末。当时，元朝统治者为了维护其统治，对汉人实行连甲制，汉人地位非常低微，甚至还不如色目人等。相传有一汉人书生，心怀对元朝统治的不满，坚持每天写三张字条，发泄对统治者的愤恨以排解心中郁闷。不知不觉十年寒窗中，写下的字条装了满满一大箱。一天，先生发现了他的秘密，只见字条上写着“八月八，烧宝塔，杀鞑靼（蒙人）”，先生惊得魂飞魄散，连忙叫书生将字条烧毁。书生只好将字条从箱子里倒出，准备点燃，突然一阵狂风将字条吹得漫天飞舞。吹散的字条从天而降，朱元璋趁机以猛火为号，举行起义，推翻了元朝统治，

中秋烧塔场景

建立了明朝。

说法虽然不一，但都与抗元相关，且在各地代代相传。据老人讲，烧的塔要垒成圆身尖顶，因为这样才像蒙古人的帽顶。火烧宝塔，就是火烧鞑靼，反映出百姓对统治者恨之入骨。为了纪念元朝统治被推翻，百姓将八月八烧火，改在八月十五中秋节这天晚上祭月烧塔。宝塔烧得越红，意味着离瘟神越远，越风调雨顺，日子越红火，遂相沿成俗。

在金田乡柘溪村，农历八月十五一早，村民们家家户户购买水果、月饼，自制米果，杀鸡宰鹅，准备节日盛宴。老人和孩子们则在村前房后拣拾残砖断瓦、搬土砖、垒宝塔。宝塔先是由老人用土砖打好一个六边形的基座，留好一些灶口与出风口，上面用瓦片层层错缝叠压，慢慢收腰，形似宝塔，一般直径 1 米，高约 2 米，也有高大达数丈的“巨无霸”。入夜，全村男女老少，纷纷聚集到宝塔前，每户自带稻草或柴火，主烧人还要备上一壶老酸酒或米汤。待月上中天，村民们便摆上柚子、月饼，点好香烛，鸣放鞭炮祭月。随着三声锣鼓敲响，烧塔开始，四个青年打着清朝保留至今的黄龙旗，六个少年撑着宫灯。龙灯耍起来，山歌、小调唱起来，火在不断升温，整座宝塔吐出火舌，红透半边天。村民们不断向瓦塔浇上酸酒或米汤，瓦塔发出像鞭炮一般的噼啪声，绽放出彩色光焰，十分壮观。村民们直闹到深夜，才尽兴而归。

塔的形状起初只有“圆形塔”，后来出现了“方形塔”、“多角形塔”等，且各有吉祥寓意，如圆形塔寓意为“中秋月圆人也圆”，一般有亲人旅外的人家多砌设圆形塔；方形塔状似田丘，寓意五谷丰收；多角形塔寓意生财多道，生意兴隆。砌塔的工艺也有讲究，如开窗形的塔，其身上的“窗”有方形、菱形、梅花形等，千姿百态；塔的顶端是开放式的，像大烟囱，其大小高低不一而足，矮的有一两米，高的有三五米，直径从几十厘米到两米多。为了使塔身通风透气、造型美观，大的瓦塔常是两三片瓦合在一起形成“品”字形。

中秋烧塔相对于一般中秋活动而言有其自身独特的文化内涵。烧塔民俗，多表达“中秋是丰收的节日，通过烧塔表达收获的喜悦，祝福生活像宝塔火焰一样红红火火”的含义。烧塔活动的参与者会用小调、山歌等方式庆贺丰收，歌唱好年景，歌唱幸福美满的生活。宝塔是稻谷节节饱满、家里红红火火、亲朋平平安安的象征，寄托了乡民们千百年来的审美情趣。

在吉安、赣州，粤东和闽南部分县市，也有中秋烧塔的习俗，但一般没有唱小调、唱山歌、祭月等仪式。因此，安福的中秋烧塔是不可多得的民间非物质文化遗产，具有很高的文化、科研、学术、历史价值。

随着时代变迁，中秋民俗逐渐只停留在吃喝和烧塔这个层面上，传承人也越来越少。近几年人民生活水平不断提高，群众自娱自乐的积极性空前高涨，经民间老艺人多方挖掘，这个习俗重获新生。目前，当地政府非常重视这一民俗，增加经费，请老艺人传唱小调、山歌，从安福柘溪村年轻人中选出中秋烧塔传承人，进行培训，以期中秋烧塔这一民俗能代代相传。

10. 万安儿郎灯会

万安县地处江西省中南部，吉安市南缘，五彩云祥，万民以安，历史悠久。喊船送神、儿郎灯、板凳灯、麒麟狮象灯等民俗文化兴盛，尤以元宵城内儿郎灯为最盛。

“万安儿郎灯会”俗称“装儿郎”、“装太平故事”，起源于唐宋时期，具有浓郁的道教文化色彩，它随着民间信仰活动的发展而慢慢完善，在明清时期基本定型，到民国时已达鼎盛，至今有一千余年的历史。

“儿郎灯会”分“起坛”（请神）、“出坛”（游神）、“收坛”（送神）三个部分，是一项古老的民俗表演活动，旨在祭祀、祈福，娱神娱人。

清同治十二年（1873年）《万安县志·风俗》记载："元宵……百嘉、窑头两市，自十三日起，有所谓'装船'，穿袍靴、戴神头面游行，各庙划船三次，极热闹。而尤莫盛于城内之儿郎灯，每一神护灯鼓吹者辄数十人，食用素，必斋戒，以祈神佑……"

万安元宵节举行儿郎灯会

儿郎为谁？为何祭拜？民间故事流传版本繁简不一。

有如繁版：万安县城南门坛上社区，古时有一孤苦贫民刘某，上无片瓦，下无立锥之地，只住在一所自己搭成的茅棚内，靠种小菜度日。某年，暴雨成灾，赣江河水猛涨，从上游漂来一只木箱。恰巧刘某在河边捞水柴，见之甚喜，以为财宝。刘某把它捞上来，开启一看，乃八副儿郎面具，甚骇，旋即弃之。木箱复拢岸，如是者三。刘某惊异，便祷之说："保我娶妻室，生儿女，发家致富，我当终生供奉之。"遂把这一木箱抬回家，取出八副儿郎面具，供于神台之上，初一、十五，烧香燃烛，敬之虔诚。后来刘某娶妻成家，果然人财两旺，便鸠工庀材，构筑一庙宇，安置八位儿郎神，这就是"儿郎庙"。每年农历正月十五日，必举行迎神赛会，张灯结彩，一片神鸦社鼓，热闹非凡，这就是"儿郎灯"。

扮儿郎游神

有如简版：很久以前，万安下暴雨，赣江涨大水，县城南门坛一刘姓男子，家贫单身，去河边捞冲来的柴。河边漂来一个木箱，他捞起来打开一看，内有八副儿郎脸谱面具，便带回家。他晚上做了个梦，一神仙

儿郎游神场景

说："我是神仙下凡的二郎神。你如供奉，就保佑你发家发财，一生幸福。"他就把八副面具摆在神台上，初一、十五香烛敬奉。数年后，刘某果然人财两旺。为感恩，刘某就建了座儿郎庙，四周百姓竞相祭拜，后来就发展为扮儿郎游神。

虽然版本繁简不一，但围绕"八位儿郎神"为核心开展相关祭祀、祈福、表演等活动是一致的，并沿袭至今。每年的正月初至正月十六，特别是在元宵，万安民众穿着红衣，高擎彩旗，手提宫灯，脚踩高跷，拥着骑着高头大马的"二郎神杨戬、大元帅李靖、大太子金吒、二太子木吒、三太子哪吒、护法天神韦驮、善财童子红孩儿、大力士雷震子"等八位儿郎，从儿郎庙出城郊南门到东门，再从北门进城，经过北大街、正大街，到县门口，转横街，过南大街，回儿郎庙，集祭神、驱疫、祈福、表演等内容为一体，表达人们向往幸福安康、人丁兴旺、繁荣昌盛等美好意愿，具有较高的历史研究价值、观赏价值和商业、旅游价值。

由于历史原因，南门坛儿郎庙被毁，儿郎灯会也埋没多年。2014 年，经万安县人民政府批准，"万安儿郎灯会"民俗活动列入县级非物质文化遗产保护项目；2015 年县政府结合旧城改造，修造了儿郎灯会展示馆。2015 年 3 月 5 日，中央电视台新闻联播播出了各地欢度元宵节的场景。郎永淳播报："在江西万安，社火民俗表演欢腾喜庆。"并配以热烈恢宏的现场画面。虽然短暂，却字字千金，将万安的名声传播海内外。

11. 泰和早酒

泰和人喝"早酒"的习惯最早来源于农村。在炎热的夏天，庄稼人趁着清晨凉爽便早早下地干活，忙到上午九十点钟才回来吃早饭，而早饭都要准备几道炒菜，吃几大碗饭，还要喝上几碗酒活活血、解解乏，久而久之，农村就有喝"早酒"的习惯。"早酒一喝，抖擞一天"说的就是这个道理。

泰和早酒在农村又叫"杀猪饭"。每户人家剥牛杀猪后，屠夫都要留下最好的肉、骨头和内脏等，交给东家做上几道新鲜的菜，煮好一锅汤，帮忙的人和家人一道在早上喝上几碗酒，美美地享用一顿。

改革开放后，农村人进城卖菜做生意，上午九十点钟卖完菜或中途买上一些"杀猪肉"到旁边的小炒店加工，喝几碗老冬酒，这样泰和早酒就在城里落户了。泰和农贸市场喝早酒的常客主要是市场内的商贩，尤其屠夫们居多，这些剥牛杀猪的屠夫最会享受。这种习俗慢慢地传开，普通市民们也趁双休日早晨自己采购食材，拿到农贸市场旁边小吃店加工，邀上亲朋好友享用泰和早酒，开始一个休闲快乐的周末。后来泰和人还把各地一些特色菜融入泰和早酒中，这样泰和农家菜、杀猪菜、早酒融为一体，成为今天的泰和早酒——泰和人津津乐道的美味佳肴和远近闻名的城市名片。

泰和早酒有以下一些特色：一是场所简陋，一般都设在农贸市场旁边，早酒店一般只为食客加工食材。二是食材由食客早早地到市场上采购，这样的食材既新鲜又实在。三是早酒自然离不开酒——啤冬。这酒很有特色，是用啤酒和泰和老冬酒按 2∶1 或 3∶1 兑成的混合酒，很柔和，比啤酒和老冬酒都有更好的口感，喝酒时一般都是一口一杯。四是主要菜品有：皮梳骨汤——猪的颈脖和脊背相连处的一排骨。这段骨头像梳子，活动量大，两端有很多嫩骨头，汤味甘甜；炒心血管——每头猪只有一根筷子长的心血管，要炒一盘至少要 5 根心血管，这道菜吃起来入味，嚼起来脆；猪背筋、牛背筋——背脊肉上介于瘦肉与肥肉之间的薄薄一片叫猪背筋或牛背筋，既无肥肉的油腻，又无瘦肉的粗糙，还有韧性的嚼劲；肉糊糕汤——肉、荸荠、豆腐、鱼、虾、葱、姜等十多种食材剁碎，加淀粉搅拌，在大锅中熬成糊状的糕汤。泰和早酒下酒菜还有很多，天上飞的、水里游的、洞里钻的、地上跑的、地里种的无不成为市民的美食，如丝瓜烧田鸡、牛血、牛三鲜、牛脚、猪三宝、沙皮子、乌鸡、聋子鸡、竹篙薯等。

在泰和早酒店里喝早酒，能感受到水浒传英雄般大碗喝酒、大块吃肉的酣畅，二十杯下肚便开始豪言壮语，谈天论地，正所谓“泰和早酒冲一冲，一天都威风”。泰和人交友的豪气和义气在泰和早酒中升华，泰和早酒成为外地人对泰和的美好记忆，成为身在异乡的游子思念家乡朋友时一抹难以忘怀的乡愁。

附录

Fulu

题咏吉安历代诗词选

1. 南北朝（2首）

题郁木洞二首

（南朝）萧子云

一

伐我万古石，纪我千载名。
欲知古人处，白云中相寻。

二

千载云霞一径通，暖烟迟日锁溶溶。
鸟啼春昼桃花拆，独步溪头采碧茸。

注：郁木洞在峡江县玉笥山中，郁木洞即郁木坑，被道书称为第八福地。

2. 唐代（6首）

白下驿饯唐少府

（唐）王勃

下驿穷交日，昌亭旅食年。
相知何用早？怀抱即依然。
浦楼低晚照，乡路隔风烟。
去去如何道？长安在日边。

注：此诗抒写朋友离别之情和仕途失意之感。古白下驿，在今泰和县澄江镇。

江　上

（唐）张九龄

时自豫章还曲江，经庐陵。
归去南江水，磷磷见底清。
转逢空阔处，聊洗滞留情。
浦树遥如待，江鸥近若迎。
津途别有趣，况乃濯吾缨。

注：此诗《吉安府志》题为《江上》，题下附注："时自豫章还曲江，经庐陵。"南江，指赣江。

送吉州阎使君入道二首

（唐）戎昱

一

闻道桃源去，尘心忽自悲。
余当从宦日，君是弃官时。
金汞封仙骨，灵津咽玉池。
受传三箓备，起坐五云随。

洞里花长发，人间鬓易衰。
他年会相访，莫试烂柯棋。

二

庐陵太守近隳官，霞帔初朝五帝坛。
风过鬼神延受箓，夜深龙虎卫烧丹。
冰容入镜纤埃静，玉液添瓶漱齿寒。
莫遣桃花迷客路，千山万水访君难。

舟行早发庐陵郡郭寄滕郎中

（唐）许浑

楚客停桡太守知，露凝丹叶自秋悲。
蟹螯只恐相如渴，鲈鲙应防曼倩饥。
风卷曙云飘角远，雨昏寒浪挂帆迟。
离心更羡高斋夕，巫峡花深醉玉卮。

桃源僧舍看花

（唐）段成式

前年帝里探春时，寺寺名花我尽知。
今日长安已灰烬，忍能南国对芳枝。

3. 宋代（28 首）

寒食与器之游南塔寺寂照堂

（宋）苏轼

城南钟鼓斗清新，端为投荒洗瘴尘。
总是镜空堂上客，谁为寂照境中人。
红英扫地风惊晓，绿叶成阴雨洗春。
记取明年作寒食，杏花曾与此翁邻。

寄题沙溪宝锡院

（宋）欧阳修

为爱江西物物佳，作诗尝向北人夸。
青林霜日换枫叶，白水秋风吹稻花。
酿酒烹鸡留醉客，鸣机织苎遍山家。
野僧独得无生乐，终日焚香坐结跏。

题神冈庙

（宋）周必大

岸断川平拔一峰，丹青剥落古灵宫。
邦人岁久忘遗爱，贾客时来乞好风。
仁水有情犹磬折，霜枫无数尚旗红。
冈头故址宜亭榭，城郭江山在眼中。

注：神冈庙在今吉安市城南神冈山附近。

庐陵城筑平园

（宋）周必大

半亩园林数尺堂，凡花疏竹小池塘。
平泉绿野休相笑，事业功名合自量。

吉州凌波亭月夜

（宋）王庭珪

螺浦东边雪浪生，峰头月出半轮明。
扁舟欲载银蟾去，一听苍龙水底鸣。

注：凌波渡在吉安府南门外的大码头，位于今吉安标志性大榕树的上游三百

米处，东岸建有供路人歇息的凌波亭。五代十国时江西的全域属南唐，中主李璟是一位诗词功底深厚且对水军战术情有独钟的皇帝。他于保大年间暗中在吉安召集民众建竞渡船。每逢端午，在吉安府南门外大码头的赣江上举行声势浩大的划龙舟比赛，优胜者奖励银碗，优秀者收为兵勇，列装成水军，并为这支水上部队取了一个富有诗意的名字——凌波军。自此，人们把这个连通两岸的渡口称为凌波渡。

凌波亭

（宋）王庭珪

轩角当南极，檐牙耸北城。
岚光浮水面，涛影摅城闉。

南塔寺

（宋）黄庭坚

熏炉茶鼎暂来同，寒日鸦啼柿叶风。
万事尽还杯酒里，百年都在大槐中。

入青原山口

（宋）黄庭坚

坑路羊肠绕，稻田棋局方。
林间塔余寸，风外竹斜行。
吠客犬反走，惊人鸟坌忙。
山形与祖印，岑绝两相当。

青原山七祖塔

（宋）张商英

一派青原出少林，信衣到此只传心。
寻常示众无人会，尽向庐陵米价寻。

喷雪泉

（宋）胡铨

庐峰漱玉旧传名，今见青原喷雪成。
两处山川肯相下，洗除尘垢一时清。

注：喷雪泉为青原山三十六处胜景遗迹之一。

石砻瀑布

（宋）谢枋得

石砻神所居，祠构峭壁下。
流泉涧中来，飞瀑石上泻。
雨晴水乐喧，月冷冰帘挂。
漱齿可解酲，濯足每宜夏。
此泉匪贪泉，饮者勿惊讶。

注：石砻瀑布又称天玉山瀑布、“铜壶滴漏”，在今青原区天玉镇石砻坑。

游静居寺

（宋）向敏中

四面烟岚合，吟魂到便清。
乱山供远翠，幽竹送寒声。

磬韵听时歇，云根望处生。
尘机闲摆落，潜得笑浮荣。

注：静居寺即青原山净居寺。

白鹭洲

（宋）徐俯

山光浓复淡，江面落还收。
不见飞凫鸟，空看白鹭洲。
台城久蔓草，宋玉又悲秋。
却羡释门秀，早从方外游。

青　原

（宋）杨万里

山川第一江西景，风月无边相国园。
十倍黄楼况黄阁，千寻青壁是青原。

过大皋渡二首

（宋）杨万里

一

雾外江山看不真，只凭鸡犬认前村。
渡船满板霜如雪，印我青鞋第一痕。

二

危沙崩岸欲侵墙，直下清江百尺强。
过了笋舆元未觉，忽然回首冷思量。

过神助桥亭

（宋）杨万里

下轿浑将野店看，只惊脚底水声寒。
不知竹外长江近，忽有高桅出寸竿。

登快阁

（宋）黄庭坚

痴儿了却公家事，快阁东西倚晚晴。
落木千山天远大，澄江一道月分明。
朱弦已为佳人绝，青眼聊因美酒横。
万里归船弄长笛，此心吾与白鸥盟。

注：快阁在今吉安市泰和城区东侧的泰和中学校园内，始建于唐代乾符元年（874年），距今已有一千一百多年的历史。

古青原台

（宋）刘偘

春台百尺枕芜城，杰构层轩入紫清。
坐啸风云生画栋，剧谈河汉泻朱甍。
山围兰若青螺远，江带蘋洲白练横。
挂席会凌南斗去，羽人辽海看骑鲸。

注：古青原台（即钟鼓楼）在今吉安市沿江路与韶山路交界处，白鹭洲公园内，是古城吉安的标志性建筑之一。

观白鹭洲风涛

（宋）刘过

一声雷鼓挟风威，顷刻风涛没钓矶。
行客惊看银汉落，阳侯擎起玉山飞。
蛟龙便尔争先化，鸥鹭茫然失所依。
安得长江入吾手，翩翩东海钓鳌归。

青原寺二首

（宋）文天祥

一

钟鱼闲日月，竹树老风烟。
一径溪声满，四山天影圆。
无言都是趣，有想便成缘。
梦破啼猿雨，开元六百年。

二

空庭横蟒蝀，断碣偃龙蛇。
活火参禅笋，清泉透佛茶。
晚钟何处雨，春水满城花。
夜影灯前客，江西七祖家。

泰和仰望快阁

（宋）文天祥

书生曾拥碧油幢，耻与群儿共竖降。
汉节几回登快阁，楚囚今度过澄江。
丹心不改君臣谊，清泪难忘父母邦。
惟有乡人知我瘦，下帷绝粒坐篷窗。

题隆山钟

（宋）邓光荐

丰山背后钟，霜月平原定。
夜半响鲸音，隐隐天地应。
山灵鹤梦醒，独听还独咏。
萧萧蓬蒿中，收入杜陵径。

汪见可约游青原山

（宋）戴复古

来访青原古钓矶，溪流滚滚濯龙奇。
一茶可款从僧话，数局争先对客棋。
云雨那能败吾事？山林正喜得君诗。
石头路滑篮舆小，换得扁舟在水湄。

寿周耐轩

（宋）刘辰翁

去日江南梅未发，归来芳草涨天涯。
驱驰斥堠八千里，梦寐青原十万家。
白叟倚门青燕寝，黄童骑马学胡笳。
八菱尽是京燕路，想为淞楸寻暮鸦。

酹江月·丙午螺川

（宋）赵师侠

飘流踪迹，趁春来、还趁春光去。九十韶华能几许，着意留他不住。趱柳催花，摧红长翠，多少风和雨。蜂闲蝶怨，尽凭枝上莺语。 归棹去去难留，桃花浪暖，绿涨迷津浦。回首重城天样远，人在重城深处。惜别愁分，凝暗有泪，总寄阳关句。不堪肠断，恨随江水东注。

菩萨蛮·梅林渡寄兴伯

（宋）赵师侠

行舟荡漾鸣双桨。江流为我添新涨。指顾隔汀洲。人归心尚留。　　阳关三叠举。怨柳离情苦。何似莫来休。不来无许愁。

4. 元代（10首）

白鹭洲

（元）何中

淡淡薰风起，江明天影开。
竹阴侵水碧，草色近人来。
诸老心犹在，十年首独回。
非无李供奉，却欠凤凰台。

平园衰柳

（元）刘诜

城中书楼天下奇，碧玉流水长虹堤。
堤边柔条一千尺，鹅黄袅袅春风垂。
居民异代起华屋，此物已槁不忍移。
岂无他树好颜色？不忘丞相手种时。

钓　台

（元）刘诜

渡江十里山水清，千峰万峰争娉婷。
野花织成名家帐，嘉叶合作王母屏。
钓台有泉出山背，忽作玉带相纡萦。
东风游人不知趣，日日车马来倾城。

白鹭洲

（元）周巽

吉士长怀古，来游白鹭洲。
波分孤屿出，沙带一江流。
渔火枫桥夜，书声竹院秋。
矶头明月上，冷望意悠悠。

鲁公祠

（元）周巽

鲁国祠堂在，螺川古驿东。
吉人思别驾，唐史具孤忠。
础润香芹雨，廊回古柏风。
我来拜公像，肃肃仰冥鸿。

诗人堂

（元）周巽

诗人堂上客，载拜杜参军。
大雅今谁继？高风自昔闻。
魂来花外月，吟断树间云。
千载龙冈会，因诗倍忆君。

青螺峰

（元）周巽

螺峰临北渚，千古画屏开。
瞰水青涵影，浮空翠作堆。
江流如变酒，山好若为杯。
有客吟招隐，灵泉松下来。

吉安道中

（元）萨都剌

西风吹雁不成行，万里孤舟下夕阳。
度峡冷风欹客帽，卷帘凉月落琴床。
江湖水满鸥偏乐，花柳春深马正忙。
又看青原山色好，故乡归计喜相将。

宿青原山

（元）李祁

毵毵白发旧儒臣，几见江南物候新。
问讯枉烦林下士，变衰祗似梦中人。
隔帘听雨尝经久，倚户看山不厌频。
更欲就依禅榻伴，炉烟终日澹絪缊。

黄牛岭

（元）王潜

引领睇崇冈，川原旷无际。
远岫宿闲云，残霞隐高树。
栖鸟翔茂林，行人促归骑。
冥冥暮色催，木末光犹系。
安得鲁阳戈，挥之驻西逝。

5. 明代（19首）

螺冈晚照

（明）杨士奇

西望金螺峰，临夕宜返照。
川明天光净，潇洒若员峤。
振衣援紫萝，临高发清啸。
解组如有期，吾侪亦同调。

天狱泉石

（明）杨士奇

岧荛天狱峰，高出南斗上。
自昔采芝翁，托身此萧爽。
扫石看云生，吟琴若泉响。
已趋金门直，犹接丹霞想。

注：天狱山即天玉山。

游洞岩观

（明）解缙

独向山中觅紫芝，山人勾引住多时。
摘花浸酒春愁尽，烧竹煮茶夜卧迟。
泉落林梢多碎滴，松生庭石是旁枝。
明朝却欲归城市，问我来时总不知。

注：喷雪泉为青原山三十六处胜景遗迹之一。

寄盂琏

（明）解缙

每到秋时只忆家，鉴湖秋水浸明霞。
湖中莲子秋成实，粒粒凉心滴露华。

题江头八景

（明）胡广

芙蓉隔江罗翠屏，孤峰独拥金螺青。
两山秀色挹青翠，千古气入秋冥冥。

白鹭洲

（明）晏壁

鹭洲南下水溶溶，上有修筠绿满丛。
万个琅玕春雨里，一林翡翠午阴中。
寒涛似卷潇湘雨，天籁犹鸣嶰谷风。
拄杖敲门无俗客，时招白鹤下瑶空。

访鹭洲书院遗址

（明）李昌祺

宋家书院但空名，二水中分草树平。
陵谷变来基亦废，野人耕处草还生。
落花细雨文鱼上，残柳西风白雁鸣。
临眺不堪怀往事，城头画角更凄清。

吉　安

（明）李东阳

山势西来断，江流北去平。
万家深树里，闻是吉安城。

游青原山

（明）罗钦顺

朝访名山露未晞，翠岚浮动欲沾衣。
坡头路转松阴合，垅上人闲豆荚肥。
泉响遥闻心已净，寺门初到梦先飞。
从来剩有烟霞癖，争奈行藏与愿违。

游瑞华

（明）王守仁

簿领终年未出郊，此行聊解俗人嘲。
忧时有志怀先达，作县无能愧旧交。
松古尚存经雪干，竹高还长拂云梢。
溪山处处堪行乐，正是浮名未易抛。

游南岗寺

（明）王守仁

古寺回云麓，光含远近山。
苔痕侵履湿，花影照衣斑。
宦况随天远，归思对石顽。
一身惕夙夜，不比老僧闲。

能仁寺

（明）陈嘉谟

当年莲社开诗社，想见唐时亦盛时。
异代风流今论学，几人归咏更裁诗。
朋来正喜簪频盍，身退原非道可私。
龙井石幢禅榻畔，高谈仁义是吾师。

鹭洲书院

（明）张暖

洲回白鹭水天宽，万竹萧森映急湍。
胜迹千年开大陆，中流一柱砥狂澜。
窗前树色玲珑碎，枕送涛声曲折寒。
最是文翁遗泽在，只今风月共谁看！

谷日白鹭洲

（明）汪可受

雨后春堤日不同，岁初官阁案犹空。
且将杯泛江湖上，莫负新居花鸟中。
野老喜晴惊谷日，舟人迎水识东风。
思归最爱归来客，乘兴还看月下松。

春日赴白鹭洲

（明）邹元标

春水引行舟，桃花夹岸流。
沙明群鹭白，雨过万峰幽。
浊酒浇孤兴，青山笑晚愁。
萋萋芳草绿，无语对江洲。

游青原翠屏

（明）邹元标

翠屏千古自嶙峋，此日来游意独亲。
忽听歌声林木起，始知天地属闲身。

白鹭洲舟中夜大风雷

（明）李邦华

子夜天风动，迅雷震大空。
孤松摇睡鹤，沸鼎搅归鸿。
生死依君国，是非付史公。
拥衾高卧稳，举首日曈曈。

登白鹭洲云章阁

（明）刘同升

青柯玉茗满庭阴，夏日登临慰重寻。
风雨独来烟艇夕，江涛初涨画桥深。
三年未着东山屐，二水遥逢支遁林。
稍待芙蓉凉露蚤，还期韵客与同斟。

云章阁

翠　屏

（明）杨廷麟

翠屏环抱处，到此似无门。
老树常凝雨，青山终不言。
临流炉自煮，怀古笔留痕。
石片青云起，闲人手欲扪。

6. 清代（14 首）

金牛泉

（清）许焕

傍郭泉源石发稀，潆洄匹练近渔矶。
春流江畔潜蛟隐，夜雨村窗宿鹭飞。
影伴银河悬瀑细，声传玉磬泻珠微。
凭轩眺望千峰里，一掬寒波照落晖。

金牛泉

白鹭洲晚眺

（清）赵进美

草明沙远披襟地，时有渔歌入座闻。
渚路乱帆开晓郭，风原高叶暗秋云。
日侵山气寒犹浅，碛拥江流细渐分。
但制荷衣归未得，何妨常对鸥鹭群。

云章阁

（清）施闰章

曲槛层栏白昼阴，凭高望远百年心。
压江城郭山光碧，破浪帆樯露气深。
旧蚀残碑犹卧藓，新栽杂树渐成林。
鹅湖鹿洞寻常事，不信风流限古今。

云章阁

（清）林逢春

庐陵文物照江天，院宇钦崇自昔年。
水占芳名分白鹭，诗题古壁傲青莲。
平芜沙碛萝攀树，寥落园丁砌绕烟。
司牧于今愁力薄。风携两袖寸心悬。

青原次韵

（清）笑峰然

地以名贤重，山原七祖开。
高岩冠松桧，古树衣莓苔。
态险看逾变，声幽听更来。
迢遥还寂历，处处可徘徊。

青原漫兴

（清）方以智

万山归一壑，壁立作南屏。
天落林间碧，溪流人影青。
斜阳留几笔，古意在孤亭。
谁辨沧浪曲，堂中磬请听。

桃　溪

（清）孔兴浙

一溪桃李正敷荣，何必芙蓉城上行。
小集花茵醒半醒，柳阴深处听流莺。

螺山谒文丞相祠

（清）卢崧

丞相祠堂吉郡东，山川无乃宋时同。
赣江难洗存亡恨，螺岭空标今古中。
一去燕云歌正气，独留遗像对春风。
沿溪新雨桃千树，多为先生洒泪红。

鲁公字

（清）刘敬庵

忠节如公千古存，留题铁笔镇龙门。
云生石上卧龙醒，敢把先生墨迹吞。

鹭渚残霞

（清）王世业

素练澄秋水，横波一缕霞。
祥岚浮远浦，烂彩迸春花。
渚淡斜阳掠，天空孤鹭斜。
吉城多喜气，绕堞尽光华。

城中鼓角

（清）刘绎

营门画角声，鼙鼓壮升平。
欲起闻鸡舞，城楼正五更。

螺山晓岚

（清）刘绎

仰瞻螺岭云，俯映螺川水。
河岳炳英灵，万古此流峙。

柳岸春莺

（清）刘绎

柳色嫩于丝，春风浓似酒。
流莺自往来，何必携柑斗。

游螺川

（清）刘淑英

期到清溟月里游，一林香弄木兰舟。
水天相印人如玉，归把萱花并压头。

7. 现代（11 首）

减字木兰花·广昌路上

毛泽东

一九三〇年二月

漫天皆白，雪里行军情更迫。头上高山，风卷红旗过大关。　　此行何去？赣江风雪迷漫处。命令昨颁，十万工农下吉安。

忆攻吉安

朱德

一九六三

八打吉安未收功，四面包围群众中。
红军速到声威震，一克名城赣水红。

宿吉安

郭沫若

一九六五

面对白鹭洲，葱茏林木稠。
无心寻古迹，有意浴中流。
泰岱小天下，海洋容细沤。
井冈山下后，万岭不思游。

白鹭洲书院访古

柳　斌

千帆竞渡云章阁，百鸟和鸣风月楼。
正气唯歌家国恨，零丁不叹利名愁。
庐陵自古多志士，赣水如今更风流。
星汉灿烂吉安府，人才辈出白鹭洲。

乘雨过青原寺

王礼锡

小雨田泥虽未透，山原已足敛尘氛。
近溪几处添悬水，拥寺群山没淡云。
家报昨从故里至，清泉又向远村分。
风狂如此应能到，油菜红花正好耘。

访书吉安登古青原台

王咨臣

访书到此独登台，一壁云天眼底开。
赣水迂回惊骇浪，井冈远抱发春雷。
昔贤修禊传佳话，今我凭栏揽胜来。
看听铜钟响异代，闲扪姓字几徘徊。

过吉安

胡献雅

隔水苍山势连天，鹭洲竹树翠生烟。
旧游无限留连意，那得江头久系船。

定风波·游吉安

李　真

秋到庐陵叶落声，渔人披笠早登程，满眼风光书院里，多美，早霞金雀唤红缨。

风雨辞亲情更切，甜蜜，梦中犹有好歌吟。回首里程思前事，牢记，神州永远奏瑶琴。

重游青原山

黎先耀

净居开光新，书院梦佳宾。
青山更妩媚，白发故人亲。

吉安平湖感事

蔡厚示

为望梅花趁雪开，东君何事懒栽培？
朔风有意哀而急，晦月无心去复回。
瘠水枯山期早露，寒蒲弱柳候春雷。
篱边语劝勤耕叟，莫废犁锄耽酒杯。

青原山

陶博吾

劫后犹留古庙存，青原山下夜黄昏。
群峰围绕初无路，一涧潺湲直到门。
修竹长松迷月影，荒亭孤塔接云根。
我来已是无家者，愿借钟声洗泪痕。

【拓展阅读】

庐陵文化名人名作选（8首）

生查子

（宋）欧阳修

去年元夜时，花市灯如昼。
月上柳梢头，人约黄昏后。
今年元夜时，月与灯依旧。
不见去年人，泪满春衫袖。

丰乐亭游春

（宋）欧阳修

红树青山日欲斜，长郊草色绿无涯。
游人不管春将老，来到亭前踏落花。

小　池

（宋）杨万里

泉眼无声惜细流，树阴照水爱晴柔。
小荷才露尖尖角，早有蜻蜓立上头。

晓出净慈寺送林子方

（宋）杨万里

毕竟西湖六月中，风光不与四时同。
接天莲叶无穷碧，映日荷花别样红。

过松源

（宋）杨万里

莫言下岭便无难，赚得行人错喜欢。
正入万山圈子里，一山放出一山拦。

西江月·新秋写兴

（宋）刘辰翁

天上低昂似旧，人间儿女成狂。夜来处处试新妆，都是人间天上。　　不觉新凉似水，相思两鬓如霜。梦从海底跨枯桑，阅尽银河风浪。

扬子江

（宋）文天祥

几日随风北海游，回从扬子大江头。
臣心一片磁针石，不指南方不肯休。

过零丁洋

（宋）文天祥

辛苦遭逢起一经，干戈寥落四周星。
山河破碎风飘絮，身世浮沉雨打萍。
惶恐滩头说惶恐，零丁洋里叹零丁。
人生自古谁无死，留取丹心照汗青。